新版

はじめまして

会計学

福島隆・塚辺博崇・岩橋忠徳・中嶋教夫
権大煥・中島洋行・齋藤香織
［著］

Introduction to Accounting

中央経済社

会計学スタディガイド

◆「会計」を身近に感じよう！

　「会計」という言葉を知らない人はいないでしょう。しかし，「会計学はどのようなことを学ぶのでしょうか？」と問われたら，「お金の計算に関する学び」というイメージはあるものの，具体的にどのようなことを学ぶのかはよく分からない人が多いと思います。また，「会計学は難しい，とっつきにくい，自分には無関係」と思っている人も多いでしょう。

　しかし，「会計」は私たちの生活に身近なものであり，ビジネスの世界では必要不可欠な知識・スキルです。たとえば，「お小遣い帳や家計簿をつける」「旅行の予算計画を立てる」といった行為も会計です。また，「○○社の利益が500万円だった」「××社の売上目標は800万円です」といったニュースも会計に関連したものです。

　このように，「会計」は「遠い存在のもの」ではなく「生活に身近なもの」なのです。ぜひ，本書を通じて，「会計（学）」を身近に感じてください。

◆会計学を学ぶ意味

　では，会計学は具体的にどのようなことを学ぶのでしょうか。簡単に言うと，会計は，会社などが行った経済的活動とその成果を金額化し，財務諸表という報告書を用いて公表する行為です。つまり，会計というツールを用いることにより，その企業の財務状態を数字で把握することができるのです。

　したがって，会社が公表する財務諸表の作成方法や分析の方法を勉強すると，数字という客観的データに基づいて，その会社の現状や将来性を理解することができます。また，財務数値の読み方や財務数値を用いた意思決定の方法を学ぶことは，経営者やビジネスパーソンにとって必要不可欠です。ここに，会計学を学ぶ大きな意味があります。

◆本書の特徴

　本書の執筆にあたっては，初学者が理解しやすいように，次の点に配慮しました。

(1)　会計学の範囲を網羅できるように，財務会計，管理会計，経営分析といった主要な分野を説明しています。

(2)　平易な文章で解説するとともに，図表や例題を多く用いています。また，知識の定着化のために，章末に練習問題（Training）を掲載しています。

(3)　本文の他に，「コラム」と「キーワード」を設けています。本文の補足的事項を「コラム」で，本文の理解に必要な単語を「キーワード」で解説しています。

　本書の内容をマスターすれば，会計学の基礎を理解したといえるでしょう。それが終わったら，より専門的に会計学を学んでくれることを執筆者一同念願しています。きっと，ビジネスに役立つ知識やスキルが身につき，ビジネスパーソンとして大いに活躍できるはずです。

　最後になりましたが，本書の出版を快く了承していただいた株式会社中央経済社に心より感謝申し上げます。また，本書の完成にあたり，企画から取りまとめまで献身的なサポートをしていただいた学術書編集部編集長の田邉一正氏に深く感謝申し上げます。

2024年2月

執筆者一同

＊本書章末の Training の解答用紙・解答は中央経済社・ビジネス専門書オンライン biz-book. jp の本書掲載欄からダウンロードできます。ぜひご活用ください。

目　　次

会計を学ぼう

〈学習のポイント〉

❶ 会計（学）はどのようなことを勉強するのかを理解する。

❷ 会計の種類を理解する。

❸ 株式会社制度の概要を理解する。

〈キーワード〉

会計　財務諸表　財務会計　管理会計　株式会社

1　会計（学）って何？

　会計って何でしょうか。会計学ってどんなことを勉強するのでしょうか。

(1)　身近な会計

　皆さんは，つぎのような経験はありませんか。

> ●お小遣い帳や家計簿をつける
> ●旅行でいくらまで使えるかを計画する
> ●今月は無駄な出費が多かったから，来月は出費を減らそうとする

　これらの行為は，ある意味会計といえます。また，買い物の代金を支払うことを「お会計する」といいますよね。このように，私たちは，日常的に「会計」に触れており，意外と身近なものなのです。

　ただ，「会計」という言葉はほとんどの人が知っているにもかかわらず，

「会計学」については，「お金の計算をする」程度のイメージしかなく，どんな勉強をするかはよくわからない人も多いのではないでしょうか。もちろん，会計学はお金の計算も扱いますが，本書で学習する会計学は，お金の計算だけという狭い意味ではありません。

⑵　なぜ，会計（学）を学ぶの？

　専門的にいうと，**会計**（accounting）は，企業などのある経済主体が行っている経済的活動とその成果を，主として貨幣額（金額）で測定，記録し，その結果を**財務諸表**とよばれる報告書を用いてさまざまな**利害関係者（ステークホルダー）**に報告する行為です。そして，会計学は，このような会計を研究対象とする学問です。

図表序 - 1　会計の概念

```
                    会　計
企業の経済的活動 ────┌──────→ 財務諸表 ──────→ 利害関係者
                  │                         （株主，債権者 など）
                  │ 貨幣額で
                  │ 測定・記録        成果の報告
                  └─────────────────┘
```

　企業の場合で考えてみましょう。企業は商品売買，人件費などの支払い，設備投資といった経済的活動を行います。これらの活動を金額で測定・記録すると，売上高が××円，利益が××円，現金残高が××円といった結果（情報）が得られます。このような結果の一覧表が財務諸表であり，財務諸表は各種の利害関係者に向けて公表されます。

　では，会計学を学ぶ意義は何でしょうか。

　「会計はビジネスの共通言語」ともいわれ，社会では必要不可欠な知識です。さまざまな経済主体が行った経済的活動の成果を計算したり，経営計画を作成したりする際には，会計の知識が必要です。つまり，会計はすべての経済主体で必要な知識なのです。

　また，企業活動のグローバル化に伴い，財務諸表を作成する際のルールである会計基準を世界的に統一化する動きが加速しています。日本企業でありながら，日本基準ではなく，国際的な会計基準（**国際会計基準**）で財務諸表を作成する企業数も増加しています。このように，会計は，世界的に使える知識でもあるのです。

(3) 財務会計と管理会計

　会計は，**財務会計**と**管理会計**に分けることができます。
　財務会計は，企業の外部の利害関係者が意思決定をするのに役立つ情報の提供を目的とする会計であり，財務諸表の作成や開示が中心になります。
　管理会計は，企業の内部の経営管理者が意思決定をするのに役立つ情報提供を目的とする会計であり，経営上の意思決定に関する事項が中心になります。両者を比較したものが**図表序－2**です（詳細は第10章参照）。

図表序－2　財務会計と管理会計

	財務会計	管理会計
情報提供の対象者	企業外部の利害関係者 （株主や債権者など）	企業内部の経営管理者
中心テーマ	財務諸表の作成と開示	経営上の意思決定 （予算の作成，利益計画など）

2　株式会社制度の概要を学ぼう

　本書では株式会社の会計を扱うので，本節では株式会社制度について簡単に説明することにします。厳密には「企業」と「会社」の範囲は異なるのですが，本書では区別せずに説明することにします。
　日本の「会社法」では，会社を合名会社・合資会社・合同会社・株式会社の4つに分類しています。これら4つのうち，最も数が多い株式会社の特徴を簡単に見てみましょう。

図表序－3 株式の発行

株式 1,000万円

○○株式会社 ⟶⟵ 株　主

現金 1,000万円

(1)　株式の発行

株式会社は，株式を発行することにより資金を調達します。たとえば，○○株式会社が，株式1,000万円分を発行し，資金を調達したとすると，**図表序－3**のようになります。

原則として，株主から調達した金額はその会社の**資本金**になります。したがって，現時点での○○株式会社の資本金は1,000万円になります。

(2)　有限責任制度

有限責任制度とは，株主は出資額を超えて損失を被ることがないということです。図表序－3でいえば，株主は出資額である1,000万円を超えて損失を被ることはありません（会社が倒産して株式の価値がゼロになった場

Column ❶　　　　　　　　　　　　　直接金融と間接金融

企業が，株式（や債券）を発行して資金を調達することを**直接金融**といいます（図表序－3を参照）。一方，企業が金融機関を経由して資金を調達することを**間接金融**といいます（下図を参照）。

預金者　→現金→　金融機関　→現金→　企業

合が1,000万円の損失になります）。

　したがって，その後○○株式会社が銀行からの借金1億円をかかえたまま倒産しても，株主は○○株式会社に代わって銀行に借金1億円を返済する必要はありません。

(3)　所有と経営の分離

　自営業のような小さな株式会社では，経営者が会社の株式の大部分を保有していることがよくあります。つまり，小規模会社では，会社の所有者である株主と株式会社の経営者が同一人物であることが多いのです。

　しかし，会社規模が拡大すると，株主の数も増加します。このようなときに，株主全員が会社の経営に携わることは不可能であり，非効率です。そこで，会社が大きくなると，会社の経営は経営者という専門家に任せたほうが効率的になります。このように，会社規模が拡大すると，会社の所有者である株主と，会社の経営を実際に行う経営者が分離することになり，これを所有と経営の分離といいます。

3　企業の経済的活動と会計の関係を見てみよう

　通常，株式会社は何年にもわたって継続して活動をしていきます。ここでは，期間を1年と区切って，会社の経済的活動の基本的な流れと会計の関係を単純化して示すと図表序－4のようになります（すべての会社が必ずこのとおりではありません）。

　経営計画の作成や実行に際してはお金の動きが生じるので，いずれの場面でも会計の知識は必要です。その中でも，財務会計は財務諸表の作成・開示，管理会計は経営計画の作成と実行，経営計画と成果の差異分析と密接に関係します。

図表序 - 4 会社の経済的活動の基本的な流れ

会社の設立・組織体制作り

↓

経営計画（商品売買，広告宣伝，研究開発など）の作成

↓

経営計画の実行

↓

財務諸表の作成・開示（経営成果の計算）

↓

税金の支払い

↓

計画と成果の差異を分析して改善策の考察

↓

経営計画の作成

↓

以下，繰り返し

4 会計の勉強を始めよう

　ここまで説明したように，会計は企業経営と密接に関係しています。数値を用いて，自社やライバル社の経営状態を把握しなければ経営はできないといっても過言ではありません。つまり，企業経営を学ぶ学生のみならず，企業で働くビジネスパーソンにとっても，会計は不可欠な知識なのです。

　取っ付きにくいイメージがあるかもしれませんが，「企業経営と会計の関係」を意識しながら，会計の勉強を進めていくことにしましょう。

第1章

財務諸表概論

〈学習のポイント〉

❶ 財務諸表作成の前提を理解する。

❷ 財務諸表には貸借対照表・損益計算書があり，各々の役割を理解する。

〈キーワード〉

貨幣的測定の公準　継続企業の公準　会計期間　貸借対照表　損益計算書

1　財務諸表を作成する際の前提

財務諸表を作成する際には，いくつかの前提があります。

(1)　貨幣的測定の公準

財務諸表では企業の経済的活動をすべて金額（円，ドル，ユーロなど）で表すという前提があり，これを**貨幣的測定の公準**といいます。たとえば，ある会社が土地100㎡を1,000万円で購入した場合，財務諸表（貸借対照表）には「土地　1,000万円」と記載されます。

企業の経済的活動を金額で表すことのメリットには，他社と比較できる，数字を加減乗除できるといったことがあります。一方，デメリットには，経営者や従業員の能力，その会社がもっている技術力の高さといった企業経営にとって重要ではあっても貨幣換算が困難なものは財務諸表に記載されないといったことがあります。

(2) 継続企業の公準

　財務諸表を作成する際には，企業が将来にわたり無期限に継続するという前提（簡単にいうと，企業は倒産しないという前提）をおいており，これを継続企業（going concern：ゴーイング・コンサーン）の公準といいます。

　そのため，財務諸表は，一定期間ごとに定期的に作成されます。このような財務諸表の作成対象となる期間を会計期間といいます。会計期間の初日を期首，最終日を期末（または決算日），会計期間の途中の日を期中とよびます。また，ある会計期間を当期とした場合，当期のひとつ前の会計期間を前期，当期のひとつ後の会計期間を次期（または翌期）といいます（図表1－1）。

Column ❷　　　　　　　　　　　　　個別財務諸表と連結財務諸表

　財務諸表は，財務諸表に含める企業の範囲の違いによって，**個別財務諸表**と**連結財務諸表**に分類することができます。

　個別財務諸表は個別企業ごとに作成される財務諸表であり，連結財務諸表は支配従属関係にある企業集団ごとに作成される財務諸表です（企業集団の親会社が作成します）。近年では，連結財務諸表が重視されており，財務諸表といえば連結財務諸表を指すことが一般的です。

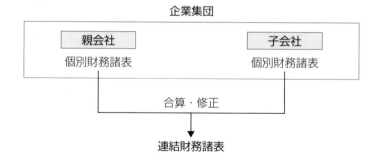

親会社：自社の個別財務諸表と連結財務諸表を作成する。
子会社：自社の個別財務諸表を作成する。

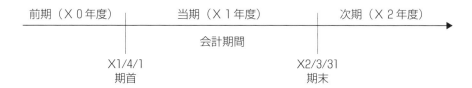

図表1-1　会計期間

会社は会計期間を自由に決めることができます。日本では，4月1日から翌年3月31日までを会計期間とする会社が最も多いです。

2　財務諸表にはどのようなものがあるの？

企業が作成する財務諸表にはつぎのようなものがあります。

(1)　貸借対照表

<ruby>貸借対照表<rt>たいしゃくたいしょうひょう</rt></ruby>（Balance Sheet：B/S）は，一定時点における企業の**財政状態**を明らかにするために，**資産**，**負債**および**純資産**の状況を記載した書類です。

①　資産

資産は，会社が所有している財産や**債権**（将来にお金を受け取る権利）をいいます。資産の具体例は，**図表1-2**のとおりです。

②　負債

負債は，会社が将来にお金を返済する義務です。負債の具体例は，**図表1-3**のとおりです。

図表1-2 資産の具体例

名　称	内　容
現金	紙幣や硬貨など
普通預金	預金者が自由に預け入れや引出しができる預金
売掛金 (うりかけきん)	商品を掛け取引で販売したときに，将来にお金を受け取る権利
貸付金 (かしつけきん)	他社にお金を貸し付け，将来にお金を受け取る権利
商品	販売目的で保有している品物
建物	店舗や事務所など
備品	コピー機・パソコン・事務机など
土地	店舗や事務所などの敷地

図表1-3 負債の具体例

名　称	内　容
買掛金 (かいかけきん)	商品を掛け取引で仕入れたときに，将来にお金を返済する義務
借入金 (かりいれきん)	銀行等からお金を借りて，将来にお金を返済する義務

③　純資産

　純資産は，資産と負債の差額です。純資産の具体例は，**図表1-4**のとおりです。

図表1-4 純資産の具体例

名　称	内　容
資本金	株主から調達した金額
繰越利益剰余金 (くりこしりえきじょうよきん)	今までに会社が獲得した利益の留保額（合計額）

キーワード　掛け取引

　掛け取引は，代金を将来授受する約束で，商品売買を行うことです。たとえば，当社が函館株式会社に商品40,000円を掛け売りした場合（代金の決済は1か月後），下図のようになります。

1か月後の決済日になったら，当社は函館株式会社から代金40,000円を受け取ります。

Column ❸　　　　　　　　　　　　　　　資金調達の観点から見た B/S

　資金という観点から，資産合計＝負債合計＋純資産合計になる理由を見てみましょう。たとえば，ある会社が銀行から現金80,000円を借り入れて，株主から現金20,000円を調達し，建物30,000円と備品10,000円を購入すると，現金は60,000円残りますから，貸借対照表はつぎのようになります。

貸借対照表

	資産	金額	負債と純資産	金額	
資金の運用形態	現金	60,000	借入金	80,000	…債権者から調達　資金の調達源泉
	建物	30,000	資本金	20,000	…株主から調達
	備品	10,000			
		100,000		100,000	

　貸借対照表の「右側」は誰から資金を調達したかという**資金の調達源泉**を表しており，「左側」は調達した資金を何にいくら使ったかという**資金の運用形態**を表していますので，資産合計＝負債合計＋純資産合計になるのです。なお，負債は返済日に返済する義務がありますが，株主から調達した資金は株主に返済する義務はありません。

企業の資産合計，負債合計および純資産合計にはつぎの関係があります。

> 資産合計（プラスの財産）－負債合計（マイナスの財産）＝純資産合計（純額の財産）

この式の負債合計を移項すると，つぎのようになります。

> 資産合計＝負債合計＋純資産合計

通常，貸借対照表は，左側に資産，右側の上部に負債，右側の下部に純資産を記載します。貸借対照表については第5章で詳しく説明します。

図表1-5　**貸借対照表の構造**（単位：百万円）

資産の部		負債の部	
現　金	100	借入金	180
商　品	160	純資産の部	
建　物	140	資本金	220
資産合計	400	負債および純資産合計	400

資産合計（400）＝負債合計（180）＋純資産合計（220）

(2)　損益計算書

損益計算書（Profit and Loss Statement：P/L, Income Statement：I/S）は，一定期間における企業の**経営成績**を明らかにするために，**収益**，**費用**および**利益**（または**損失**）の状況を記載した書類です。

①　収益

収益は，会社の経営活動の結果として，利益（正確には純資産）が増加する原因です。収益の具体例は，**図表1-6**のとおりです。

図表 1 - 6　収益の具体例

名　称	内　容
売上	商品の販売代金
受取手数料	手数料として受け取った金額
受取利息	預金や貸付金から生じた利息

②　費用

　費用は，会社の経営活動の結果として，利益（正確には純資産）が減少する原因です。費用の具体例は，**図表 1 - 7** のとおりです。

図表 1 - 7　費用の具体例

名　称	内　容
仕入	商品の購入代金
給料	従業員の労働に対して支払った金額
旅費交通費	電車代，バス代など
水道光熱費	水道，ガス，電気代
広告宣伝費	広告宣伝のために支払った金額
支払手数料	手数料として支払った金額
支払家賃	家賃として支払った金額
支払利息	借入金に対して支払った利息

　収益合計と費用合計にはつぎの関係があります。

> **収益合計－費用合計＝当期純利益（マイナスの場合は当期純損失）**

　簡便的な損益計算書は，左側に費用と当期純利益，右側に収益を記載します（**図表 1 - 8**）。損益計算書については第 6 章で詳しく説明します。

図表1-8 損益計算書の構造（単位：百万円）

費用		収益	
仕入	300	売上	500
広告宣伝費	60		
給料	40		
当期純利益	100		
	500		500

Column ❹ 当期純利益（当期純損失）と繰越利益剰余金の関係

当期純利益は，「当期の1年間」に生じた利益の金額です。当期純損失は，「当期の1年間」に生じた損失の金額です。

一方，繰越利益剰余金は，会社が設立されてから当期末までに生じた利益と損失の「累積額」（合計額）です。X1年度に会社を設立したとして，両者の違いを示すと，次のようになります（△は当期純損失を意味します）。

	当期純利益	繰越利益剰余金
X1年度	200,000円	200,000円
X2年度	180,000円	380,000円（＝200,000円＋180,000円）
X3年度	△70,000円	310,000円（＝380,000円－70,000円）

例題1-1 A社の当期末の資産，負債，純資産と当期中の収益，費用の状況にもとづいて，貸借対照表と損益計算書を作成しなさい。なお，当期はX1年4月1日からX2年3月31日までである。

現金	20,000円	普通預金	70,000円	売掛金	30,000円
商品	100,000円	備品	40,000円	借入金	90,000円
資本金	50,000円	繰越利益剰余金	120,000円	売上	180,000円
仕入	110,000円	水道光熱費	10,000円	給料	15,000円

当期純利益（各自計算）円

《解答》

貸 借 対 照 表

X 2 年 3 月31日　　　（単位：円）

資　　産	金　　額	負債と純資産	金　　額
現　　　　金	20,000	借　入　金	90,000
普 通 預 金	70,000	資　本　金	50,000
売　掛　金	30,000	繰越利益剰余金	120,000
商　　　品	100,000		
備　　　品	40,000		
	260,000		260,000

損 益 計 算 書

X 1 年 4 月 1 日から X 2 年 3 月31日まで　（単位：円）

費　　用	金　　額	収　　益	金　　額
仕　　　入	110,000	売　　上	180,000
水 道 光 熱 費	10,000		
給　　料	15,000		
当期純利益	45,000		
	180,000		180,000

当期純利益は，収益合計180,000円－費用合計135,000円＝45,000円です。

◆ Training ◆

1 - 1　つぎの文章の空欄に適切な語句を入れなさい。

1．財務諸表では企業の経済的活動を貨幣額で表すという前提をおいており，これを（①）の公準という。

2．財務諸表を作成する際には，企業が将来にわたり無期限に継続するという前提をおいており，これを（②）の公準という。

3．会計期間の初日を（③），最終日を（④）という。

4．企業の資産・負債・純資産を記載した財務諸表は（⑤），企業の収益・費用・利益（損失）を記載した財務諸表は（⑥）である。

1－2 つぎの各項目を資産・負債・純資産・収益・費用のいずれかに分類しなさい。
　　①借入金　　②建物　　　③広告宣伝費　　④現金預金　　⑤給料
　　⑥資本金　　⑦商品　　　⑧売上　　　　　⑨支払利息　　⑩仕入
　　⑪買掛金　　⑫受取利息　⑬売掛金

1－3 つぎの各文章の下線部が正しければ○，誤りであれば×として正しい語句に
直しなさい。
　① 貸借対照表は，企業の<u>財政状態</u>を表す財務諸表である。
　② 資産合計から負債合計を差し引いた金額は，<u>当期純利益</u>である。
　③ 債権者（銀行など）から調達した資金は返済する義務が<u>ない</u>。
　④ 資金の観点からみると，貸借対照表の資産の部は，資金の<u>調達源泉</u>である。

1－4 表の空欄に適切な金額を記入しなさい。

	資産合計	負債合計	純資産合計
X社	800,000円	560,000円	（　①　）円
Y社	910,000円	（　②　）円	330,000円
Z社	（　③　）円	480,000円	160,000円

1－5 表の空欄に適切な金額を記入しなさい。当期純損失の場合は，金額の前に△
をつけること。

	収益合計	費用合計	当期純利益
A社	200,000円	120,000円	（　①　）円
B社	330,000円	400,000円	（　②　）円
C社	（　③　）円	290,000円	△60,000円
D社	190,000円	（　④　）円	40,000円

1－6　K社の資産・負債・純資産・収益・費用の状況にもとづいて，貸借対照表と損益計算書を作成しなさい。

仕入	217,000円	借入金	180,000円	商品	20,000円
売掛金	70,000円	貸付金	30,000円	給料	83,000円
資本金	100,000円	受取手数料	44,000円	現金	40,000円
建物	150,000円	土地	130,000円	繰越利益剰余金	65,000円
売上	300,000円	買掛金	95,000円	水道光熱費	15,000円
支払家賃	8,000円	当期純利益（各自計算）円			

貸 借 対 照 表
X2年3月31日　　　　（単位：円）

資　　産	金　　額	負債と純資産	金　　額

損 益 計 算 書
X1年4月1日からX2年3月31日まで　　（単位：円）

費　　用	金　　額	収　　益	金　　額

日本の企業会計制度

〈学習のポイント〉
- ❶ 財務諸表の作成・開示を規定する法律を理解する。
- ❷ 財務諸表の信頼性を保証する監査制度を理解する。
- ❸ 会計基準の設定機関を理解する。

〈キーワード〉

会社法　金融商品取引法　有価証券報告書　監査
一般に公正妥当と認められた会計原則

1　財務諸表の作成・開示って法律で決まっているの？

　財務諸表の作成・開示を完全に企業の自由に任せるとどういった問題が起こるでしょうか。おそらく，「嘘をつく」「会社にとって都合の良い情報しか公表しない」「業績の悪い時には財務諸表を公表しない」といったことを思いつくのではないでしょうか。また，財務諸表の作成方法や開示方法が企業ごとに異なると，企業間で財務諸表を比較するのが難しくなります。

　このようなことを防ぐために，法令によって，一定の企業に対して財務諸表の作成や開示が強制されるとともに，その方法に関する事項も定められています。このように，法令に基づいて行われる財務諸表の作成や開示に関する制度を**企業会計制度**といいます。

　財務諸表の作成や開示に関する法律には，次のようなものがあります。

(1) 会社法

　会社法は，会社の設立，組織，運営および管理などについて定める法律で，株式会社をはじめとしてすべての会社に適用されます。会社法では，会社に財務諸表の作成・開示を要求し，株主や債権者などの外部の利害関係者に対して，自社の経営状況に関する情報を提供することを求めています（なお，会社法の規定に従って作成される財務諸表は**計算関係書類**と呼ばれます）。

(2) 金融商品取引法

　会社法によって，すべての会社は財務諸表を作成・開示する義務があります。しかし，会社には従業員が数千人という大規模企業もあれば，従業員が10人程度の小規模なものもあり，会社法という1つの法律ですべてを規制するのは事実上不可能です。

　そこで，**上場企業**などに対しては，会社法に加えて**金融商品取引法**（金商法）も適用されます。一般的には，上場企業は規模が大きいので，会社法に加えて，金融商品取引法も適用され，より厳しい規制を受けるということです。

　金融商品取引法は，国民経済の健全な発展と投資家の保護に役立つことを目的とする法律です。金融商品取引法による会計制度は，**発行開示制度**と**継続開示制度**に大別されますが，継続開示制度を説明します。継続開示制度は，すでに発行され証券市場で売買されている有価証券（株式や債券）の発行企業に対して，投資家の意思決定に必要な情報を開示させる制度です。

　継続開示制度に基づいて，上場企業などは，各事業年度が終了してから3か月以内に**有価証券報告書**を提出する義務があります。有価証券報告書は，事業年度ごとに作成される企業内容の一覧で，財務諸表は企業内容の一部として開示されます。

　有価証券報告書の提出は，原則として **EDINET**（Electronic Disclosure for Investors' NETwork：金融商品取引法に基づく有価証券報告書等の開示書類に関する電子開示システム）による電子的な開示手続きによって行われます。EDINET によって提出された有価証券報告書などはすべてインターネット上に公開されるので，誰でも自由に各社の情報を入手することができます。ぜひ，興味ある会社の有価証券報告書や財務諸表を入手して，目を通してみてください（各社のホームページから入手することもできます）。

キーワード　上場

　上場とは，証券取引所において，ある株式会社の株式が売買されるようになることです。上場した企業のことを上場企業といいます。

キーワード　債券

　債券は，企業や国などが，投資家から資金を借り入れるために発行する有価証券です。債券には満期が定められており，満期日には額面金額が投資家に払い戻されます。また，通常，債券には利息がつきます。たとえば，X1年1月1日に，企業が額面100万円（期間1年，年利率1％）の債券を発行して，現金100万円を調達したとすると，次のようになります。

　満期日のX1年12月31日は，企業は額面100万円と利息1万円（＝100万円×1％）の合計101万円を投資家に支払い，債券を償還します。

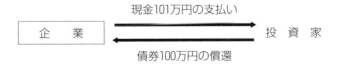

Column ❺   会社法と金融商品取引法の比較

　上場しているＸ株式会社と，非上場のＹ株式会社があるとします。Ｘ株式会社は，会社であり，かつ上場していますので，会社法と金融商品取引法の両方が適用されます。一方，Ｙ株式会社は，会社ですが非上場ですので，（他の適用要件を満たしていなければ）会社法だけが適用されます。

　また，会社法と金融商品取引法では，企業に作成，開示を求めている財務諸表に相違があります。

	会社法	金商法
上場企業など	適用	適用
上記以外の会社	適用	適用しない
作成義務のある財務諸表（一部）	貸借対照表 損益計算書	貸借対照表 損益計算書 キャッシュ・フロー計算書

2　財務諸表の監査制度

　財務諸表は，その企業の経営者が作成しますので，経営者が不適正な会計処理を行い，実態よりも優良な財務状態であると報告する可能性があります。このようなことを防ぎ，財務諸表の信頼性を保証するために，企業が公表する財務諸表は監査を受ける必要があります。

　監査（財務諸表監査）は，被監査企業から独立した第三者である**監査人**が，その企業の財務諸表が企業の財務状況を適正に表示しているかについて，意見を表明することです。監査人として監査証明業務を行うことができるのは，**公認会計士**と**監査法人**だけです。公認会計士は，企業からの依頼を受け，財務諸表を監査することが国から認められている人です。監査法人は，監査証明業務を組織的に行うことを目的として，５人以上の公認会計士が共同で設立した法人のことです。

　監査人は，監査した結果，財務諸表の適正表示に関する意見である**監査意見**を**監査報告書**において表明します。監査意見の種類は，**図表2－1**のとおりです。監査意見は，ほぼすべての企業が無限定適正意見を受けることが一般的であり，不適正意見や意見不表明になるのはかなり異例のことです。

　監査報告書は，財務諸表に添付される形で開示されます。監査報告書は，巻末の資料を参照してください。

図表2－1　監査意見の種類

無限定適正意見	財務諸表が，企業会計の基準にしたがって，会社の財務状況をすべての重要な点において適正に表示している場合
限定付適正意見	一部に不適切な事項はあるが，それが財務諸表等全体に対してそれほど重要性がないと考えられる場合
不適正意見	不適切な事項が発見され，それが財務諸表等全体に重要な影響を与える場合
意見不表明	重要な監査手続が実施できず，結果として十分な監査証拠が入手できない場合

3　会計基準の設定

(1)　一般に公正妥当と認められた会計原則

　一般に公正妥当と認められた会計原則 (Generally Accepted Accounting Principle: GAAP) は，企業の財務諸表の作成と報告を行う際のルールのうち，公正妥当なものとして社会的に承認を得たものをいいます。

　GAAPのうち，文章で明文化されたものを**会計基準**といいます。しかし，業種によって企業の取引の内容はさまざまであり，また，従来にはなかった新しい取引が発生する可能性もあるため，すべての企業に準ずるルールを明文化するのは困難です。そこで，GAAPには，明文化された会計基準だけでなく，その企業が慣習的に行っている会計処理も含めることにし

ています（**図表2-2**）。

図表2-2 GAAP の構成

GAAP ⎰ 明文化された会計基準
　　　 ⎱ 企業が慣習的に行っている処理

(2)　会計基準の設定

　従来，日本では政府の諮問機関の1つである企業会計審議会が会計基準を設定していました。しかし，政府機関ではなく民間組織が会計基準の設定を行うべきであるという論調が強くなりました。そこで，2001年7月に，民間組織として財務会計基準機構（FASF）が設立され，その内部組織として**企業会計基準委員会（ASBJ）**が設立されました。現在，日本では，ASBJ が会計基準を設定しています。

Column ❻　　　　　　　　　　　　　　　　　　　　　国際会計基準

　国際会計基準（IFRS）は，**国際会計基準審議会**（IASB）が策定している会計基準です。日本の会計基準と国際会計基準の差異をなくす動きを**コンバージェンス**といい，これまでコンバージェンスが続けられてきた結果，日本基準と国際会計基準の差異はほとんどなくなっています。

　現在，日本では，一定の要件を満たす上場企業の連結財務諸表に国際会計基準を任意適用することが認められています。日本取引所グループのウェブサイトによると，2023年11月現在で，国際会計基準を任意適用済の企業数は267社です。

◆ Training ◆

2－1　つぎの文章の空欄に適切な語句を入れなさい。

1．金融商品取引法の目的の1つは，（①）の保護である。

2．金融商品取引法の規定によって，上場企業などは，各事業年度の終了後3か月以内に（②）を提出する義務がある。その提出の際には，原則として（③：アルファベット6文字）による電子的な開示手続きにより行われる。

3．財務諸表が，企業会計の基準にしたがって，会社の財務状況を「すべての重要な点において適正に表示している場合」に出される監査意見は（④）意見である。

4．一般に公正妥当と認められた会計原則は，（⑤：アルファベット4文字）という。

5．日本では，（⑥：アルファベット4文字）が会計基準を定めている。

2－2　つぎの各文章の下線部が正しければ○，誤りであれば×として正しい語句に直しなさい。

①　会社法は，すべての会社に適用される。

②　金融商品取引法は，主として個人商店に適用される。

③　会社法と金融商品取引法では，企業に作成・開示を求めている財務諸表に相違がある。

④　監査人として監査証明業務が行えるのは，税理士と監査法人だけである。

簿記とは何か

1　簿記とは

　前章まで会計の世界をみてきましたが，その会計を支えるものが簿記というしくみです。私たちのまわりにあるほとんどの企業は儲けること，つまり利益を出すことを目的としています。その利益を計算するしくみとして簿記が存在します。

　簿記とは，帳簿に記録すること（帳簿記入）の略です。企業（会社やお店）は商品の販売や仕入れ，従業員への給料の支払いなどといったさまざまな活動を日々行っています。これを帳簿とよばれるものに記録して書き残します。この帳簿を集計することで，最終的に貸借対照表や損益計算書などの財務諸表を作成して財政状態や経営成績を表します。

2　簿記の目的

　企業は利害関係者に対して説明責任（Accountability）があり，簿記はその説明責任を果たすための道具としても使われます。利益の計算をもとにして，税金の計算をしたり，オーナー（株主）へ成果を報告したり，銀行でお金を借りたりします。簿記というしくみがあるからこそ，社会で企業が効率的に経営することができるのです。

　企業は商品を販売するなど，お金にまつわるすべての取引を記録する必要があります。これには前章までにみたルールである会計制度に従って記録することで他の企業や過去の自社との比較可能な記録ができるのです。

　また簿記には，主に小売業などで使われる**商業簿記**と，製造業で使われる**工業簿記**があります。商業簿記は商品を仕入れて販売する取引を中心となり，工業簿記は製品を製造・販売していく取引が中心となります。

3　会計期間

　第1章の継続企業の公準で学んだように，財務諸表を作成するためには一定の期間で計算を区切る必要があります。この区切りを**会計期間**といい，

図表3-1　会計期間と期首・期末

スタートを**期首**，ゴールを**期末**，その間を**期中**といいます。また，現時点での会計期間を**当期**，前の会計期間を**前期**，次の会計期間を**次期**（翌期）といいます（**図表3−1**）。

　会計期間は企業ごとに任意で設定が可能ですが，税法など他の制度との関係やわかりやすさから1年単位とすることがほとんどです。会計期間は事業年度と呼ばれることもあります。

　日本では4月から翌年3月を会計期間とする企業が多いですが，外資系企業は1月から12月の暦年とすることが多く，個人事業主では税法との関係で暦年を会計期間としています。

4　簿記上の取引

　一般に**取引**というと，お金や商品のやり取り，商売における約束事や契約などをいいますが，簿記上の取引は一般的な取引とは少し異なります。会計の世界ではあらゆる取引を5つに分類して表し，これを簿記の5要素といいます。

　簿記の5要素は資産，負債，純資産，費用，収益の5つであり，これらが増減や発生したことを簿記上の取引として表します。

　簿記では，何らかの金銭の動きや商品のやり取りがなければ記録できないため，取引の予約はもちろん契約の成立が法的に確定しただけでは簿記

図表3−2　一般的な取引と簿記上の取引

	一般的な取引	簿記上の取引
商品を購入する	○	○
代金を支払う	○	○
商品を注文する	○	×
サービスの契約をする	○	×
火災で商品が焼失する	×	○
商品が紛失する	×	○

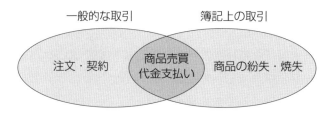

図表3-3　一般的な取引と簿記上の取引の関係

上は取引になりません。しかし，災害や盗難，紛失など一般的には取引と
みなされないようなことでも，資産が減少していますので簿記上では取引
として扱います（**図表3-2**，**図表3-3**）。

5　仕訳

　簿記には，単式簿記と**複式簿記**という方式がありますが，多くの会社で
使われているのが複式簿記です。一般的に簿記といえばこの複式簿記を指
します。複式簿記は取引を2つの視点から記録し，1つの取引を原因と結
果という両面から記録します。たとえば，商品を仕入れて現金を支払った
ときは以下のように考えます。

　例：商品を仕入れて現金を支払ったとき
　　　・商品を仕入れた（商品の増加）
　　　・現金を使った（現金の減少）

　この2つの視点での記録をすべての簿記上の取引で行い，**仕訳**（しわけ）
という方法で記録されます。仕訳の考え方として，2つの視点を勘定科目
ごとに簿記の5要素に当てはめ，左右に分けて記載していきます。
　簿記では，この左側の項目を**借方**（かりかた），右側の項目を**貸方**（かし
かた）といいます（**図表3-4**）。1つの取引を2つの視点で考えるため，

図表3－4　借方と貸方

借方　　　（左側）
かりかた

↵

貸方　　　（右側）
かしかた

↳

※借方は読み方の「り」が左払いのため左，貸方はかしかたの「し」
　が右払いのため右と覚えます。

借方と貸方の金額は必ず一致します。これを取引ごとに積み重ねて財務諸表を作成するため，取引を正確に仕訳することはとても重要です。

　仕訳は勘定科目ごとに借方項目や貸方項目と決まっており，英単語を学ぶように役割と共に1つひとつ学んでいくため，簿記の学習は積み重ねの学びとなります。この代表的な勘定科目を5要素ごとに分類したものを**図表3－5**に示します。

図表3－5　代表的な勘定科目

資産	負債	純資産	費用	収益
現金	買掛金	資本金	仕入	売上
売掛金	借入金	繰越利益剰余金	給料	受取手数料
商品			水道光熱費	受取利息
建物			減価償却費	
備品			支払利息	

　5要素ごとに分類したものを，利用する人（利害関係者）にとってわかりやすい形にまとめたものが，貸借対照表や損益計算書になります（**図表3－6**）。

　貸借対照表や損益計算書の数値の元となる仕訳にはマイナスを表す記号がありません。そのためマイナスを表すときは，借方項目の資産であれば貸方に記載することで減少したことを表します（**図表3－7**）。

　これらの取引は**図表3－8**のように8つの要素の結びつきで整理するこ

図表3-6　貸借対照表と損益計算書

貸借対照表（B／S）

資産	負債
現金	買掛金
売掛金	借入金
商品	純資産
建物	資本金
備品	繰越利益剰余金

損益計算書（P／L）

費用	収益
仕入	売上
給料	受取手数料
水道光熱費	受取利息
減価償却費	
支払利息	
当期純利益	

図表3-7　5要素の増減

借　方	貸　方
（＋）資産の増加	（－）資産の減少
（－）負債の減少	（＋）負債の増加
（－）純資産（資本）の減少	（＋）純資産（資本）の増加
（＋）費用の発生	（＋）収益の発生

図表3-8　取引の8要素

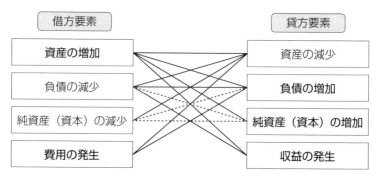

※点線で表される取引は，ほとんどありません。

とができます。簿記では，取引をこのような組み合わせの仕訳として表していきます。

6　取引の仕訳をする

仕訳を A 社の設立から順に見ていきましょう。

仕訳例1　会社を設立したとき

4月1日　株式会社設立にあたり，10,000円分の株式を発行し，A 社に入金した。				
（借方）資産⊕		（貸方）純資産⊕	
現　　金	10,000	資　本　金	10,000

仕訳例2　銀行などからお金を借りたとき

4月2日　B 銀行から5,000円の現金を借りた。			
（借方）資産⊕		（貸方）負債⊕	
現　　金	5,000	借　入　金	5,000

仕訳例3　会社の備品を購入したとき

4月3日　机やパソコンなど社内で使う備品3,000円を現金で購入した。			
（借方）資産⊕		（貸方）資産⊖	
備　　品	3,000	現　　金	3,000

※現金は資産であり借方項目ですが，減少しているので貸方に記載します。

仕訳例4　商品を現金で仕入れたとき

4月10日　取引先から商品1,500円を仕入れ，現金で支払った。			
（借方）費用⊕		（貸方）資産⊖	
仕　　入	1,500	現　　金	1,500

仕訳例5　商品の広告を出したとき

4月11日	広告宣伝費として2,000円を現金で支払った。			
	（借方）費用⊕		（貸方）資産⊖	
	広告宣伝費	2,000	現　　金	2,000

仕訳例6　商品を現金で売ったとき

4月13日	商品1,500円を3,000円で得意先に販売し，現金を受け取った。			
	（借方）資産⊕		（貸方）収益⊕	
	現　　金	3,000	売　　上	3,000

※販売した商品の原価の計算は決算時（期末）に行います。

仕訳例7　借入金の利息を支払ったとき

4月15日	B銀行からの借入金に対する利息100円を現金で支払った。			
	（借方）費用⊕		（貸方）資産⊖	
	支 払 利 息	100	現　　金	100

7　いろいろな決済方法

　企業での商品売買は現金だけでなくいろいろな決済方法を使い，代表的なものが掛け取引です。

　掛け取引とは購入や支払のたびに現金のやり取りをするのではなく，一定期間後にまとめて受払いするものです。いわゆる「ツケ払い」で，個人でも常連のお客さんが「次回来たときにまとめて払うから」などといって，商品の引渡し時にはお金を払わないで済ませることがあります。

　企業は頻繁に取引する相手に対しては，その都度現金のやり取りをすると事務処理などの手間がかかることなどから，後払いで取引することが一般的となっています。ただし，掛けで販売する企業は販売先企業の経営状態が悪くなった場合などには代金回収ができなくなるリスクがあるため，

与信管理が重要となります。

　このように企業が仕入れ取引を行い，後で支払う債務のことを買掛金，売上取引を行い，後で受け取る債権のことを売掛金といいます。売掛金は売上げの際に生じる債権なので，売上債権ということもあります。

仕訳例8　商品を掛けで仕入れたとき

4月20日	取引先から商品3,000円を仕入れ，代金は掛けとした。			
	（借方）費用⊕		（貸方）負債⊕	
	仕　入	3,000	買　掛　金	3,000

仕訳例9　商品を掛けで売ったとき

4月13日	商品3,000円を5,000円で得意先に販売し，代金は掛けとした。			
	（借方）資産⊕		（貸方）収益⊕	
	売　掛　金	5,000	売　上	5,000

Column ❼　　　　　　　　　　　　　　　与信管理と情報管理

　物を売るときは商品と対価の交換となります。私たちのような個人では，商品を購入するときに現金を渡して商品を受け取り取引が完了します。しかし企業間取引では，掛けなどのように後払いにすることが多くなります。企業間取引は扱う金額が大きく，取引のたびに現金を持ち歩くと事務処理の手間や紛失盗難などのリスクも発生します。

　ただ，後払いの場合だと代金が支払われないリスクもあるため信用調査を行います。商業登記の確認で役員や資本金を確認したり，信用調査会社の情報を確認したりすることもあります。直接納品をするような企業であれば訪問時に店舗の状況を確認したり，業界内から流れてくる情報を元に調べたりすることもあります。ただこれらの情報も時間が経過すると状況が変わることもあるため，特に多額の取引先は定期的な情報の更新が必要となります。

　売掛金などを起点として，取引先同士が連鎖的に倒産する連鎖倒産などもよく見られます。自社の経営状態だけではなく，取引先の経営状態の確認も企業経営には重要となります。

3－1 以下の空欄に適切な語句を記入しなさい。

貸借対照表			損益計算書	
（ ① ）	（ ② ）		（ ④ ）	（ ⑤ ）
	（ ③ ）			

貸借対照表は （ ⑥ ），損益計算書は （ ⑦ ） と略される。

3－2 以下の取引が簿記上の取引に該当する場合は○，該当しない場合は×を付けなさい。

① 商品を販売して，現金を受け取った。

② 商品を販売して，代金は掛けとした。

③ 商品を予約して，後日受け取りに行くことを約束した。

④ 商品が火災で焼失した。

⑤ 商品を仕入れ，代金は掛けとした。

⑥ 掛けで販売した商品の代金を受け取った。

3－3 以下の仕訳をしなさい。

① 商品を10,000円仕入れ，代金は現金で支払った。

② 商品5,000円を掛けで販売した。

③ 銀行から現金100,000円を借り入れた。

④ 銀行からの借り入れ50,000円を返済し，同時に5,000円の利息を現金で支払った

⑤ 会社の設立にあたり，１株当たり10,000円の株式を100株発行し，払込額を普通預金に預け入れた。

第4章

簿記一巡の手続

〈学習のポイント〉

❶ 簿記一巡と総勘定元帳について理解する。

❷ 試算表と表記方法の違いについて理解する。

❸ 試算表と貸借対照表・損益計算書のつながりについて理解する。

〈キーワード〉

簿記一巡　総勘定元帳　試算表　貸借対照表　損益計算書

1　簿記の一巡

　第3章で仕訳まで見てきましたので，仕訳を行ったあとの簿記の流れを見ていきましょう。

---

① 取引の発生
⬇
② 仕訳をする
⬇
③ 総勘定元帳へ転記する
⬇
④ 試算表を作成する
⬇
⑤ 決算整理をする
⬇
⑥ 財務諸表（貸借対照表，損益計算書）を作成する
⬇ ←次年度へ移行
① 取引の発生

　このような取引の発生から財務諸表までの作成の流れを簿記一巡といい，簿記は会計期間でこれを繰り返していきます。

2　総勘定元帳に転記する

　取引が発生して，簿記の5要素を変動させる事象を把握します。そして仕訳をするために把握した5要素を借方と貸方に記載し，仕訳を完成させます。

　仕訳を行った後は，借方と貸方それぞれの科目をとりまとめます。このとりまとめたものを勘定口座といい，とりまとめることを**転記**（勘定記入）するといいます。

　この各勘定口座を1つにまとめた帳簿を**総勘定元帳**といい，総勘定元帳としての記録が，貸借対照表や損益計算書作成の元となります。

Column ❼　　　　　　　　　　　　　　　　　　**会計期間の話**

　会計期間は3月末と12月末までの1年間とする企業が多いですが，「ほとんど」というと言いすぎかもしれません。

　国税庁の資料等からでは，12月決算が2割ほど，3月末決算が1割ほどで，あとは9月が多いものの分散している傾向にあります。

　そして中小企業は分散する傾向にあります。理由として考えられるのは，起業する人が必ずしも4月1日から始めようとするわけではないですから，自然と会社を始めた日から1年間が会計期間になるわけです。会計期間の変更も出来ますが，面倒なのでそのままになっているのだと考えられます。

　大企業では3月決算や12月決算の割合がかなり増えますが，計画的に設立したり，面倒でも会計期間を年度や暦年に合わせたりしているのだと考えられます。

　決算には手間がかかるため，かつては商売が忙しくない時期を期末とする会社も多くありました。変わった決算期の会社があれば，なぜその時期なのか調べてみるのも面白いかもしれません。

第3章の仕訳例1を総勘定元帳に記入（転記）してみます。

4月1日	現　　金	10,000	資本金	10,000		

　借方の現金10,000円を総勘定元帳の現金の勘定口座に転記するときは，現金は借方にあるので勘定口座の借方（左側）に日付，相手勘定科目（この場合では現金が増えた理由の資本金），金額を記入して完成となります。金額の前に書かれるのは相手勘定科目ですので注意してください。

現金

4月1日	資本金	10,000	

同様に貸方も転記すると以下のようになります。

資本金

	4月1日	現金	10,000

3　試算表を作成する

　総勘定元帳の各勘定科目の記録をとりまとめて一覧にしたものを**試算表**といいます。試算表は，作成時点の総勘定元帳全体を一覧で確認することができます。

　試算表には，合計試算表，残高試算表，合計残高試算表があります。

　第3章の仕訳例1～9で登場する勘定科目について総勘定元帳を作成したうえで（紙幅の都合上，完成した総勘定元帳は割愛します），合計試算表，残高試算表および合計残高試算表を作成すると，以下のようになります。

　合計試算表は，勘定の借方合計と貸方合計を集計した一覧表です（**図表**

4 - 1）。勘定科目ごとの借方，貸方をそれぞれ合計して記入します。以下に，第3章の仕訳例 1 ～ 9 の数字に基づいて試算表を示します。

図表 4 - 1　合計試算表

合計試算表

X 1 年 4 月30日

借　方	勘定科目	貸　方
10,000＋5,000＋3,000→　18,000	現　　　金	6,600　←3,000＋1,500＋2,000＋100
5,000	売　掛　金	
3,000	備　　　品	
	買　掛　金	3,000
	借　入　金	5,000
	資　本　金	10,000
	売　　　上	8,000　←3,000＋5,000
1,500＋3,000→　4,500	仕　　　入	
2,000	広告宣伝費	
100	支 払 利 息	
32,600		32,600

　残高試算表は，勘定の借方残高と貸方残高を集計した一覧表です（**図表 4 - 2**）。勘定科目ごとの借方と貸方を合わせて残高を記入します。

　合計残高試算表は，合計試算表と残高試算表を1つにまとめた一覧表です（**図表 4 - 3**）。

　仕訳は，借方と貸方の金額が必ず一致します。そのためすべて正確に転記した場合は，借方合計と貸方合計や借方残高や貸方残高が一致します。試算表の貸借が一致しているかどうかで，転記ミスがあるかどうかを確認することができます。ただ，仕訳そのものを誤っているときや，貸借同じ金額をミスしたときは，誤った状態で一致するので注意が必要です。

図表 4 - 2　残高試算表

残高試算表

X1年4月30日

借　方	勘定科目	貸　方
18,000-6,600→　11,400	現　　　金	
5,000	売　掛　金	
3,000	備　　　品	
	買　掛　金	3,000
	借　入　金	5,000
	資　本　金	10,000
	売　　　上	8,000
4,500	仕　　　入	
2,000	広告宣伝費	
100	支 払 利 息	
26,000		26,000

図表 4 - 3　合計残高試算表

合計残高試算表

X1年4月30日

借　方		勘定科目	貸　方	
残　高	合　計		合　計	残　高
11,400	18,000	現　　　金	6,600	
5,000	5,000	売　掛　金		
3,000	3,000	備　　　品		
		買　掛　金	3,000	3,000
		借　入　金	5,000	5,000
		資　本　金	10,000	10,000
		売　　　上	8,000	8,000
4,500	4,500	仕　　　入		
2,000	2,000	広告宣伝費		
100	100	支 払 利 息		
26,000	32,600		32,600	26,000

4 決算整理仕訳

　試算表は期末にも作成して，期末時点の勘定記録の一覧表を作成します。これを**決算整理前試算表**といい，この試算表に決算で認識や修正を行う仕訳を加えて，**決算整理後試算表**を作成します。

　決算整理仕訳では，決算時に売り上げた商品の原価の計算や，使用した建物や備品の費用を計算する減価償却などをしますが，ここでは減価償却の仕訳を例示します。

仕訳例10　決算整理仕訳の例

3月31日	備品の減価償却費として，500円を計上した。			
	（借方）費用⊕		（貸方）資産⊖	
	減価償却費	500	備　　品	500

　減価償却とは，備品などの長期間にわたって使用する固定資産を使用期間で費用として計上するもので，決算の時に仕訳を行います。具体的には，仕訳例10のように，使用した資産の価値を減少させるために備品を貸方に計上し，使用した価値を費用とするために減価償却費として借方に計上します。このような記帳方法を直接法といいます。他にも会計期間をまたいで認識する収益や費用の修正や販売した商品の原価の計算なども決算の時に計上します。

　また，決算が終わると財務諸表を作成する前に，会計期間の区切りを示すため帳簿上で締切り記入の手続を行います。このように会計期間を設けたために様々な処理が決算時に行われます。

5　財務諸表の作成

　決算が終わったらいよいよ財務諸表作成です。決算整理後残高試算表の勘定科目を，簿記の5分類にもとづき費用と収益を損益計算書に，資産と負債そして純資産を貸借対照表に記入します（**図表4−4**）。

　なお，損益計算書は会計期間を通して作成したため，損益計算書には会計期間（期首から期末までの期間）の日付が入りますが，貸借対照表は一定時点（期末）の財産の一覧として作成するので，期末の日付が入ります。

　貸借対照表と損益計算書を作成することで，財政状態や経営成績を示す

図表4−4　**決算整理後残高試算表と貸借対照表・損益計算書のつながり**

決算整理後残高試算表

X2年3月31日

借方	勘定科目	貸方
11,400	現　　　金	
5,000	売　掛　金	
2,500	備　　　品	
	買　掛　金	3,000
	借　入　金	5,000
	資　本　金	10,000
	売　　　上	8,000
4,500	仕　　　入	
2,000	広告宣伝費	
500	減価償却費	
100	支　払　利息	
26,000		26,000

貸借対照表（B/S）

X2年3月31日

資　産		負債・純資産	
現　　金	11,400	買　掛　金	3,000
売　掛　金	5,000	借　入　金	5,000
備　　品	2,500	資　本　金	10,000
		繰越利益剰余金	900
	18,900		18,900

損益計算書（P/L）

X1年4月1日～X2年3月31日

費　用		収　益	
仕　　入	4,500	売　　上	8,000
広告宣伝費	2,000		
減価償却費	500		
支　払　利息	100		
当期純利益	900		
	8,000		8,000

当期純利益は繰越利益剰余金に加算

ことができ，会計期間は財務諸表作成で終わりとなります。

　損益計算書は経営成績を表すものですので，収益8,000円と費用7,100円の差額として計算された900円が当期純利益となります。この金額は貸借対照表においては，前期から繰り越された利益に加算され繰越利益剰余金となり，翌期に繰り越されます。

　貸借対照表からみると，次のように考えることができます。期末に資産合計18,900円と負債合計8,000円があります。負債を返しても10,900円差額が出ますが，この内訳には元手である資本金10,000円だけではなく900円の差額が出ています。この差額部分が当期純利益，つまり当期の利益となります。貸借対照表だけでは増加した金額はわかりますが，理由まではわかりません。そこで損益計算書を確認して，当期にかかった費用よりも収益の方が大きいことがわかります。詳細をみると4,500円で仕入れた商品を8,000円で売却して，広告宣伝費などを払っても900円の利益があったことが読み取れます。

　損益計算書は会計期間ごとにゼロからスタートすることになりますが，会計期間において生じた利益や損失は貸借対照表の純資産に含まれて繰り越されていくことになります。このため翌期の純資産は10,900円を基準としていきます。

　このように損益計算書と貸借対照表はつながっているのです。

◆ Training ◆

4－1　以下の仕訳を行い，総勘定元帳と合計試算表を作成しなさい。

なお，転記にあたっては，日付，相手勘定科目，金額の順に記入しなさい。

①　4月1日　会社の設立にあたり，1株当たり1,000円の株式を100株発行して現金を受け取った。

②　4月3日　銀行から現金50,000円を借り入れた。

③　4月10日　商品20,000円を現金で仕入れた。

④　4月15日　商品30,000円を掛けで仕入れた。

⑤　4月20日　商品40,000円を掛けで販売した。

⑥　4月25日　掛けで仕入れた代金30,000円を現金で支払った。

総勘定元帳

現金		借入金	

売掛金		買掛金	

仕入		売上	

		資本金	

合計試算表

X1年4月30日

借　方	勘定科目	貸　方
	現　　　金	
	売　掛　金	
	買　掛　金	
	借　入　金	
	資　本　金	
	売　　　上	
	仕　　　入	

貸借対照表の構造

〈学習のポイント〉
- ❶ 貸借対照表と損益計算書の結びつき，貸借対照表の機能を理解する。
- ❷ 貸借対照表における資産，負債，純資産の区分表示を理解する。
- ❸ 資産の評価基準として取得原価と時価を理解する。

〈キーワード〉

財政状態　財産法　正常営業循環基準　1年基準　繰越利益剰余金

1　貸借対照表と損益計算書の連携

　財務諸表には，**貸借対照表**（Balance Sheet：B/S）と**損益計算書**（Profit and Loss Statement：P/L, Income Statement：I/S）が含まれます。両者は相互に連携しながら，企業の**財政状態**および**経営成績**を表示する役割を果たしています。

(1)　貸借対照表と損益計算書の関係

　貸借対照表と損益計算書の関係を明らかにするために，**資産，負債，純資産，収益，費用**の対応関係を表す勘定式による貸借対照表と損益計算書を用いて説明します。

　貸借対照表と損益計算書の関係を示すと，**図表5－1**のようになります。

　図表5－1を見てみると，貸借対照表と損益計算書が結びついているのがよくわかると思います。つまり，損益計算書において最後に記載される

図表 5 - 1 　貸借対照表と損益計算書の関係

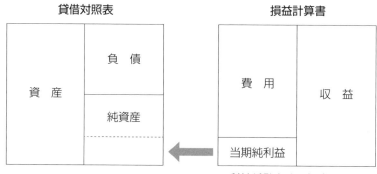

※利益が発生する場合

当期純利益（あるいは**純損失**）は，貸借対照表における純資産の部に含まれるということです。このような結びつきは，貸借対照表と損益計算書の金額によって導き出される損益計算からも明らかにすることができます。

(2)　財産法と損益法

　貸借対照表では，決算日の財政状態を明らかにするために時点による損益計算が行われます。また，損益計算書では，期首から期末までの経営成績を明らかにするために期間による損益計算が行われます。これらの損益計算に関して，前者は**財産法**，後者は**損益法**とよばれています。財産法と損益法の違いを理解するために，以下の例題 5 - 1 を考えてみましょう。

例題 5 - 1 　Ａ社のＸ 1 年度の決算日における資産，負債，純資産の総額は，それぞれ1,000円，300円，700円でした。また，Ｘ 2 年度の決算日における資産，負債，純資産，収益，費用の総額は，それぞれ1,200円，400円，800円，500円，400円でした。なお，純資産に属する項目のうち，株主資本（当期純利益を除く）と，株主資本以外の純資産160円はＸ 1 年度から変動していません。

　例題5－1に基づいて，財産法による損益計算を行います。財産法では，期首と期末時点における資本の増加あるいは減少を計算して，当期純利益を確定します。つまり，財産法は「期末資本－期首資本＝当期純利益」という等式で表すことができます。なお，この等式での資本は株主資本のことです。

　X2年度の当期純利益を財産法で計算します。X2年度の期首の純資産総額はX1年度の決算日における純資産総額と等しいことを理解したうえで，期首資本は期首の株主資本なので，X1年度の純資産総額700円からX1年度から変動していない株主資本以外の純資産160円を差し引くと，期首資本＝700円－160円＝540円となります。また，期末資本も期末の株主資本なので，X2年度の純資産総額800円から株主資本以外の純資産160円を差し引くと，期末資本＝800円－160円＝640円になります。したがって，財産法による損益計算を行うと，期末資本640円－期首資本540円＝当期純利益100円ということがわかります。

　続いて例題5－1に基づいて，損益法による損益計算を行います。損益法では，収益総額から費用総額を差し引くことで，当期純利益を確定します。つまり，損益法は「総収益－総費用＝当期純利益」という等式で表すことができます。

　X2年度の当期純利益を損益法で計算します。X2年度の収益の総額は500円，費用の総額は400円なので，損益法による損益計算を行うと，総収益500円－総費用400円＝当期純利益100円ということがわかります。

　以上の財産法と損益法による損益計算から，当期純利益は同額になることが明らかになりました。このことから，貸借対照表と損益計算書は連携して損益計算を行っているといえます。

　財産法と損益法による損益計算を表すと，**図表5－2**のようになります。

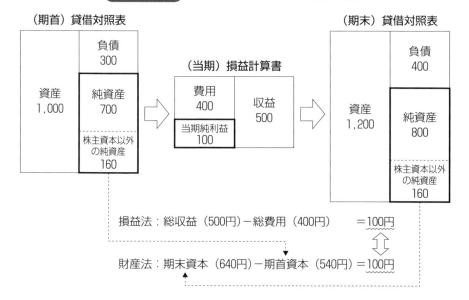

図表 5-2 財産法と損益法による損益計算

2　貸借対照表の役割

　財務諸表は，企業の財政状態および経営成績等について報告を行うために作成されます。このうち，企業における**一定時点の財政状態**について報告を行うために作成されるのが貸借対照表です。

(1)　企業を取り巻く利害関係者

　企業は財政状態を誰に報告するのでしょうか。その答えは，企業を取り巻く関係者（これを**利害関係者**といいます）ということになります。

　たとえば，単純に商品を仕入れて販売するという企業であっても，商品の売り手と買い手がかかわってきます。また，新規に開業する場合や店舗を改装する場合に資金が必要であれば，借入れを行うために銀行などの金融機関とのかかわり合いを持つはずです。借入れを行う企業からみれば，

図表5－3　資産，負債，純資産の関係

（X社の場合）
貸借対照表

資　産	負　債
	純資産

（Y社の場合）
貸借対照表

資　産	負　債
△純資産	

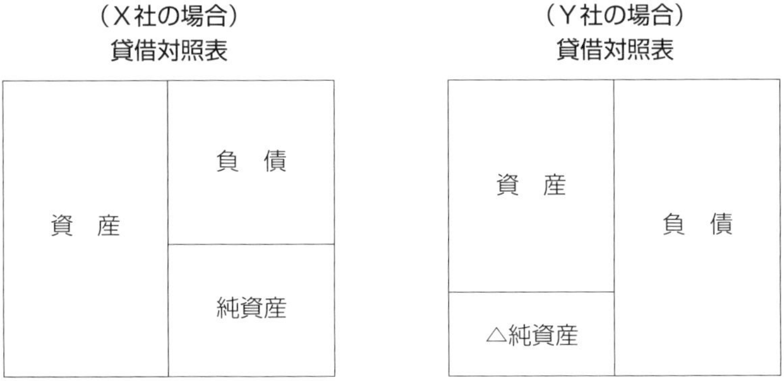

金融機関は債権者といえます。さらに，この企業が株式会社だとすれば，資金調達のために株式を発行し，株式を購入する投資家は株主となってかかわることになります。企業が組織的に大規模化すればするほど，企業を取り巻く利害関係者は多くなり，その関係は複雑になっていきます。

(2)　貸借対照表の機能

　貸借対照表は，**資産**，**負債**および**純資産**の3つに分類しなければならないとされています。また，貸借対照表における資産の合計金額は，負債と純資産の合計金額に一致しなければならない（これを**貸借平均の原理**といいます）とされています。

　資産，負債，純資産の関係を表すと，**図表5－3**のようになります。

　図表5－3のX社の場合，負債がすべて借入金だと仮定すると，それを完済しても資産にはまだ余裕があるため，債権者も安全にX社との関係を維持することができます。ここでいう安全には，債権者からいえば予定どおりに借入金を返済してもらえるという意味があります。

　図表5－3のY社の場合，借入金をすべて返済しようとしても，負債の総額が資産のそれを上回っているため返済することができない（これを

債務超過といいます）状態にあり，安全とは言い難いでしょう。

このように，貸借対照表を比較することによって，債権者が安全に資金を貸し続けられる企業かどうかがわかります。つまり，債権者にとって安全なのは，X社のような資産の総額が負債のそれを大きく上回る，すなわち純資産の金額が大きい企業であるといえます。逆に，Y社のような純資産の金額が小さい企業は，債権者にとって安全ではないということになります。

したがって，債権者の利益だけを考えると，債権者と同じ利害関係者である株主に対する配当は行わないほうがよいということになります。なぜなら，企業が配当を行う場合には現金の流出を伴うため，結果的に純資産を減少させることになるからです。

しかしながら，配当をまったく行わないということになれば，株主の利益を損ねることになってしまいます。つまり，企業は株主と債権者をともに納得させるような配当額の決定を行うために，お互いの利害を調整しなければなりません。このような利害の調整は，企業が貸借対照表において財政状態を明らかにすることによって果たされているといえます。

3　貸借対照表の区分

(1)　流動と固定の分類

貸借対照表の区分について，企業の支払能力または財務流動性を重視する考え方によれば，資産は流動と固定に分類されます。つまり，短期支払能力のあるものを**流動資産**とし，長期的な資金運用によるものを**固定資産**に分けるということです。この観点による区分では，具体的に**正常営業循環基準**と**1年基準**という2つの基準があります。

まず，正常営業循環基準とは，正常な営業活動の循環過程内にある資産は流動資産，それ以外は固定資産とする基準です。

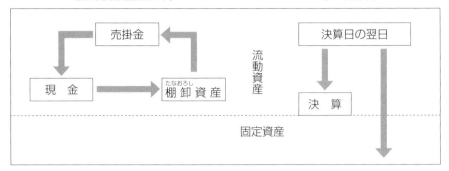

図表5−4　正常営業循環基準と1年基準

　つぎに，1年基準とは，決算日の翌日から起算して1年以内に現金化する資産は流動資産，1年超のものを固定資産とする基準です。

　正常営業循環基準と1年基準を図で表すと，**図表5−4**のようになります。

　図表5−4から明らかなように，正常な営業活動の循環過程が1年以内のサイクルであれば，2つの基準によって分類される流動資産と固定資産は一致することになります。

　流動と固定の分類に関して，現行の企業会計では，まず正常営業循環基準が適用されて流動資産の分類が行われ，その後に正常な営業活動の循環過程外にある資産について1年基準を適用して流動資産と固定資産の分類が行われます。つまり，正常営業循環基準と1年基準の折衷法が採用されています。

(2)　資産と負債の配列法

　貸借対照表における資産と負債の配列法には，原則とする**流動性配列法**と，例外としての**固定性配列法**の2つの方法があります。

　まず，流動性配列法とは，資産の項目の配列でいえば流動資産から順番に固定的なものを表示する方法です。この方法には，企業の支払能力を明

らかにするというメリットがあります。

つぎに，固定性配列法とは，資産の項目の配列でいえば固定資産から順番に流動的なものを表示する方法です。この方法は，多額の固定資産を有する電力会社などで認められています。

(3) 資産の分類

資産には，どのようなものがあるのでしょうか。たとえば，現金や建物などが挙げられます。これらは，**過去の取引**によって得られ，また**排他的**に独占して利用でき，**利益の獲得**に貢献することができるものといえます。ここでの「排他的に独占して」を理解するため，自動車をローンで購入する場合について考えてみましょう。当然のことながら，ローンが完済されるまで所有権は販売会社にありますが，その会社は購入者に無断で自動車を利用する権利を持っていません。それに対して，販売会社による利用上の制約を受けることなく，自動車を利用する権利がある購入者は，自動車という資産を持っているといえるでしょう。

Column ❾ 貸借対照表における２つの表示形式

貸借対照表の表示形式には，**勘定式**と**報告式**の２つがあります。

まず，勘定式とは貸借対照表を借方に資産，貸方に負債と純資産に分類して表示する方法です（図表５－１参照）。勘定式による貸借対照表は，**会社法会計**で採用されています。

つぎに，報告式とは貸借対照表の各項目を資産，負債，純資産の順に上から下へ表示する方法です（図表５－５以降の雛形参照）。報告式による貸借対照表は，**金融商品取引法会計**で採用されています。

勘定式は報告式に比べて，経営分析などを行う際に資産，負債と純資産の相互関係が直感的に理解できるというメリットがあります。それに対して，報告式は勘定という形式にとらわれないため，数ページにわたる貸借対照表では理解しやすいというメリットがあります。

　貸借対照表では，資産は上から順に流動資産と固定資産の2つに区分されます。流動資産とは，短期間のうちに現金または費用に転換する資産です。資産の部の流動資産についての雛形を表すと，**図表5－5**のとおりです。

図表5－5　資産の部の雛形（流動資産）

資産の部	
流動資産	
現金	500
商品	600
流動資産合計	1,100

　図表5－5の流動資産には，**当座資産，棚卸資産，その他流動資産**が含まれます。まず，当座資産とは現金に転換しやすく，流動負債の支払いに利用できるものであり，たとえば，現金，預金，売掛金などがあります。つぎに棚卸資産とは，正常な営業循環過程において販売または費消されるものであり，たとえば，商品や製品などがあります。そして，その他流動資産とは，当座資産と棚卸資産以外のものであり，たとえば，前払金や未収金などがあります。

　貸借対照表において，流動資産に続いて列挙されるのが固定資産になります。固定資産とは，通常は1年を超えて使用または運用される資産のことです。固定資産は，さらに**有形固定資産，無形固定資産，投資その他の資産**に区分されます。

　資産の部の固定資産についての雛形を表すと**図表5－6**のようになります。

図表5-6 資産の部の雛形（固定資産）

固定資産	
有形固定資産	
建物	1,000
減価償却累計額	△300
建物（純額）	700
土地	1,100
有形固定資産合計	1,800
無形固定資産	
特許権	500
無形固定資産合計	500
投資その他の資産	
長期貸付金	600
投資その他の資産合計	600
固定資産合計	2,900
資産合計	4,000※

※図表5-5を含む金額です。

　固定資産において，最初に区分表示されるのが有形固定資産です。有形固定資産とは有体物として長期に渡って使用される資産であり，たとえば，建物，土地などがあります。建物などの減価償却資産については，設備投資の状況を明らかにするために，減価償却累計額は間接法で表されます。

　続いて区分表示されるのが，無形固定資産です。無形固定資産とは，形はないが利益獲得において他企業との競争に有用な資産です。たとえば，特許権などがあります。

　さらに続いて区分表示されるのが，投資その他の資産です。投資その他の資産とは，他企業の経営支配や長期的な取引関係を維持するための資産です。たとえば，長期貸付金などがあります。

4　負債と純資産

(1)　負債の分類

　負債がどのようなものであるかを考える場合，最初に思いつくのは銀行などの金融機関からの借入金ではないでしょうか。借入金についていえば，将来的に金融機関に**返済義務のある金額**が負債であるといえます。

　負債に関しても資産と同様，正常営業循環基準と1年基準を適用することによって，**流動負債**と**固定負債**に分類されます。負債の部の雛形を表すと**図表5－7**のとおりです。

　図表5－7の流動負債には，企業の主たる営業取引から生じた買掛金などの営業債務，主たる営業取引以外から生じた短期借入金などの営業外債務などがあります。

　また，流動負債に続いて固定負債が列挙されます。固定負債には，返済期日までが1年を超える長期借入金などがあります。

　負債の部の流動負債への分類に関して，資産と同様にまず正常営業循環基準が適用され，正常な営業活動の循環過程内にある負債は流動負債，そ

図表5－7　負債の部の雛形

負債の部	
流動負債	
買掛金	500
短期借入金	300
流動負債合計	800
固定負債	
長期借入金	1,000
固定負債合計	1,000
負債合計	1,800

れ以外は固定負債に分類されます。さらに，正常な営業活動の循環過程外にある負債であっても1年基準が適用されることによって，決算日の翌日から起算して1年以内に現金支払あるいは支払期日の到来する負債は流動負債に分類されます。たとえば，短期借入金などが該当します。

(2) 純資産の分類

　純資産とは，負債と並ぶ**資金調達源泉**の1つといえます。また，純資産は，**資産と負債の差額**として計算されます。したがって，貸借対照表において資産と負債ではない項目は，すべて純資産に含まれることになります。

　たとえば，資産合計4,000円，負債合計1,800円である場合の純資産額を計算してみると，資産合計−負債合計＝2,200円になります。

　貸借対照表における純資産の部は，株主資本とそれ以外に大きく2つに分類することができます。株主資本には，株主によって出資された元手である**資本金**，また元手を活用して得られた利益である**繰越利益剰余金**が含まれます。繰越利益剰余金は，過年度からの繰越利益と当期に得られた当期純利益の合計額として表されます。

5　資産の評価基準

　資産を評価するためには，まず資産をどの時点で評価するのかを決定しなければなりません。資産をどの時点で評価するのかについては，過去と現在が考えられます。つぎに，どのような金額によって評価するのかを決定しなければなりません。たとえば，現在の資産を客観的に評価するためには，市場価格に基づくべきだと考えられます。

　資産を評価するために，**取得原価**と**時価**という2つの評価基準が考えられます。

(1)　取得原価

　取得原価とは，過去において**資産を取得した時**の取引価額のことです。たとえば，新しい車を諸費用込み100万円で購入したとすれば，その車の取得原価は100万円であるといえます。

　このように購入した金額に基づいて資産評価を行う考え方を取得原価主義といいます。取得原価主義は，実際の取引価額に基づいて会計数値が算定されることから，会計数値の検証可能性を有しているといえます。現行の企業会計では，取得原価主義をとりつつ，金融商品などでは時価評価も行われます。

(2)　時　　価

　時価とは，現在における資産の**市場価格に基づいた**金額のことです。市場価格には，購入市場と販売市場の金額があります。

　まず，購入市場の金額とは，資産を再度購入する場合の金額のことです。たとえば，先ほどと同様の性能を持つ車をもう一度購入する場合の総額が110万円だとすると，その車の時価は110万円であるといえます。

　つぎに，販売市場の金額とは，資産を売却した場合の金額から補修費などを差し引いた金額のことです。たとえば，先ほどの車の売却価額が60万円，先方が車として使用するために要する補修費が8万円かかるとすれば，その車の時価は52万円となります。

　このように時価に基づいて資産評価を行う考え方を時価主義といいます。

◆ Training ◆

5－1 期末の貸借対照表と損益計算書における空欄の金額を計算しなさい。

なお，純資産は株主資本500円のみで構成され，期首から期末において当期純利益以外の変動はないものとします。

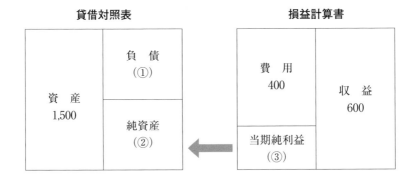

貸借対照表

損益計算書

5－2 つぎの空欄の金額を計算しなさい。

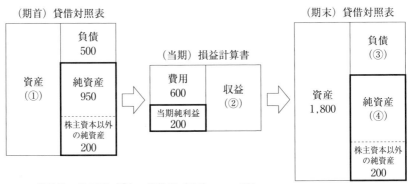

損益法：総収益（②）－総費用（600）　＝200
財産法：期末資本（⑤）－期首資本（750）＝（⑥）

損益計算書の構造

〈学習のポイント〉

❶ 損益計算書で行われる営業損益計算，経常損益計算，純損益計算を理解する。

❷ 売上高に対応する売上原価の計算の仕方を理解する。

❸ 損益計算書で計上される売上総利益から当期純利益までの利益を理解する。

〈キーワード〉

経営成績　費用収益対応の原則　売上原価　販売費及び一般管理費　経常利益

1　損益計算書の役割

前述したとおり財務諸表は，企業の財政状態および経営成績等に関して報告を行うために作成されます。このうち，企業における**一会計期間の経営成績**を表すために作成されるのが損益計算書です。

(1)　損益計算書の期間損益

損益計算書で表される経営成績は，どのように計算されるのでしょうか。経営成績は，期首から期末までに発生するすべての収益と費用を把握して**期間損益**として計算されます。この期間損益を正確に計算するためには，すべての収益と費用が発生した期間に正しく割り当てられる必要があります。そのため，将来に帰属する評価益などの未実現利益は，原則として計上してはならないとされています。

また，金銭の支払いまたは受取りがすでに行われた費用や収益であって

も未経過のものは，その金額が期間損益から控除されます。さらに，費用や収益として確定していても支払いまたは受取りがまだ行われていないものについては，その金額が期間損益に含まれます。このような調整が損益計算書を作成するにあたって必要となります。

(2)　損益計算書と損益勘定

　企業取引として発生するすべての収益と費用は，総勘定元帳における損益勘定に集約されることから，損益勘定を利害関係者に対する公表用として手直しされたものが損益計算書であるといえます。

　総勘定元帳における損益勘定は，複式簿記に基づいて借方と貸方での左右対称のため，各段階における収益と費用から利益（または損失）が導き出されるわけではなく，利益（または損失）が一括して表示されることになります。そのため，利害関係者の要請から損益計算書の表示形式は，借方と貸方による左右対称，すなわち**勘定式**ではなく，**報告式**が採用されています。したがって，**会社法会計**と**金融商品取引法会計**では，損益計算書は報告式で作成されることになっています。

　損益計算書には，利害関係者の目的に応じた表示の工夫が施されたうえで，一会計期間の企業の経営成績を明らかにするという役割があります。

2　損益計算書の区分

　報告式の損益計算書を見てみると，上方には頻繁に生じている事象が記載され，それに反して下方には，あまり頻繁に生じない事象が記載されていることがすぐにわかります。

　損益計算書の最初にある項目は売上高であり，頻繁に発生しないような固定資産売却益は下のほうにあります。このように記載されているのは，損益計算書の表示形式によるものです。つまり，損益計算書は，**営業損益計算**，**経常損益計算**，**純損益計算**の順に並べた3つの損益計算によって区

分されています。

　損益計算書の3つの損益計算による区分を表すと**図表6-1**のとおりです。

図表6-1　3つの損益計算による区分表示

損益計算書（報告式）

売上高		1,000
売上原価	（－）	500
売上総利益		500
販売費及び一般管理費	（－）	300
営業利益		200
営業外収益		150
営業外費用	（－）	100
経常利益		250
特別利益		50
特別損失	（－）	100
当期純利益		200

　図表6-1の営業損益計算の区分では，企業の主たる営業活動から生じる損益を計算して営業利益を確定します。

　つぎに，経常損益計算の区分では，営業損益計算の結果である営業利益に対して，主たる営業活動以外の活動，たとえば利息の受取りや有価証券の売却などによって生じた損益を加算・減算して経常利益を導き出します。

　そして，純損益計算の区分では，経常損益の結果である経常利益に対して，頻繁には発生しない固定資産売却益や固定資産売却損などの特別利益と特別損失を加算・減算して当期純利益が計算されます。つまり，損益計算書では企業活動の頻度や属性，主従によって3つの損益計算に区分されているのです。

　また，3つの損益計算は，各収益項目とそれに関連する各費用項目とを損益計算書に対応表示しなければならないという考え方に基づいて行われ

ます。この考え方は，**費用収益対応の原則**とよばれています。

3 売上高と売上原価

　損益計算書の売上高に続いて記載される売上原価は，売上高に対応する商品などの仕入原価から導き出されますが，当期の商品仕入総額が単純に売上原価になるわけではありません。

　たとえば，ある企業の当期の売上高が1,000円，仕入高が700円だった場合，売上原価は仕入高と同じ700円といえるのでしょうか。いいえ，売上原価が700円にならない場合がほとんどでしょう。なぜなら，当期の仕入高と売上原価の金額は必ずしも一致しないからです。決算日に近所のスーパーマーケットへ買い物に行った時，商品がまったくなかったという経験をしたことはないでしょう。なぜなら，特に小売業であれば商品在庫を抱えるのが一般的だからです。

　したがって，売上原価を計算するためには，商品在庫を考慮する必要があります。小売業の場合，売上原価は期首商品棚卸高に当期商品仕入高を加算し，その金額から期末商品棚卸高を控除する形式で表示されます。

　売上原価の計算に関する表示形式は，**図表6－2**のとおりです。なお，先ほどの例に期首商品棚卸高100円，期末商品棚卸高を300円という条件を加えて表します。

　図表6－2から，売上原価は500円になります。また，期首商品棚卸高は，前期の貸借対照表における商品の金額から導き出されるのですが，期

図表6－2　　**売上原価の計算に関する表示形式**

期首商品棚卸高		100	
当期商品仕入高		700	
合計		800	
期末商品棚卸高	（－）	300	500

末商品棚卸高は期末における商品在庫のチェック，すなわち実地棚卸を行って算定されるのが一般的です。

　図表6-2の売上原価は，仕入高700円とは当然異なります。正確な売上原価の計算のためには，商品在庫を考慮することと計算過程を表示することが，次節の売上総利益を導き出すためにも重要であるといえます。

4　利益の意味

　損益計算書には，**売上総利益**，**営業利益**，**経常利益**，**税引前当期純利益**，**当期純利益**といった5種類の利益があります。これらの利益は，前述した区分表示とも関係しており，各々の利益には異なった役割があります。

(1)　売上総利益

　売上総利益とは，売上という企業で最も中核となる業務から得られる業績を表す利益です。実務において，売上総利益は粗利（あらり）とよばれています。売上総利益は，売上高から直接的に対応する**売上原価**を差し引くことで計算されます。マイナスになった場合は，**売上総損失**とよばれます。

　売上高について，主たる営業活動が1つだけであれば内訳は必要ありません。しかし，商品の販売とサービスの提供という2つの主たる営業活動を行う企業では，売上高を販売とサービスによるものに区別して記載します。それに加えて，サービスの提供を主たる営業活動とする場合には，サービスに関する営業収益からそれに対応する費用を控除して売上総利益を表示します。たとえば，商品販売と不動産賃貸を主たる営業活動とする企業であれば，損益計算書における営業損益計算の区分は**図表6-3**のとおりになります。

　図表6-3を見てみると，商品の販売と不動産賃貸という2つの主たる営業活動に関して，商品販売であれば商品販売収入と商品販売原価が，また不動産賃貸であれば不動産賃貸収入と不動産賃貸原価が，対応関係にあ

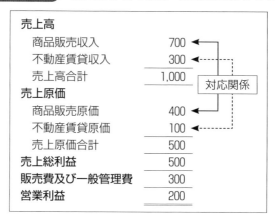

図表6-3　損益計算書の雛形（営業損益計算の区分）

ることがわかります。

　つまり，主たる営業活動が２つ以上であっても，売上高と売上原価については，営業活動ごとに**費用収益対応の原則**に基づいて表示されることになります。

(2)　営業利益

　営業利益は，本業がどの程度儲かっているのかを表す利益です。営業利益は，売上総利益から**販売費及び一般管理費**を差し引いて計算されます。マイナスになった場合は，**営業損失**とよばれます。

　販売費及び一般管理費は，企業において販売及び一般管理業務に関して発生したすべての費用を含みます。また，販売費及び一般管理費を原則として売上原価や期末商品棚卸高に含めてはならないとされています。その理由としては，販売費及び一般管理費が売上高と直接的に対応しない**期間費用**と考えられるからです。

　販売費及び一般管理費のうち広告宣伝費でいえば，仮に当期の広告宣伝費を大幅に増やしたとしても，売上高が増える可能性はあっても必ず増えるとは断言できないでしょう。このことから，販売費及び一般管理費は売

上高と直接的な対応関係がない期間費用であるといえます。

　また，販売費と一般管理費は一括して取り扱われますが，なぜでしょうか。たとえば，従業員が日常の業務として販売と事務の両方にかかわっていたならば，販売費と一般管理費を別々に計上しなければならないでしょう。このような従業員の業務が，はっきりと時間単位で分けられていれば問題ないのですが，明確に線引きされているのは稀でしょう。

　以上のような事情から，販売費と一般管理費は一括して取り扱われる，すなわち販売費及び一般管理費として計上されているのです。

　販売費及び一般管理費に属する費用を例示すると，**図表6－4**のようなものがあります。

図表6－4　販売費及び一般管理費に属する費用の例

- 販売手数料
- 広告宣伝費
- 保管費
- 従業員の給料
- 店舗の消耗品費
- 旅費
- 交通費
- 通信費
- 光熱費
- 保険料

(3)　経常利益

　経常利益とは，本業以外の業務を行う企業における通常の総合的な業績を表す利益です。マイナスになった場合は，**経常損失**とよばれます。ここでいう通常とは，企業が正常な状態で利益が獲得されたという意味で用いています。また，経常利益の経常とは，企業活動は経常的に日々繰り返されるものであるという意味を表しています。したがって，経常利益は企業の正常収益力を明示しているといえます。

　経常利益は，営業利益に**営業外収益**と**営業外費用**を加算・減算して計算されます。営業外収益には，受取利息，受取配当金などがあります。他方，営業外費用には，支払利息，社債利息などがあります。

(4) 税引前当期純利益

　税引前当期純利益とは，法人税，住民税及び事業税を差し引く前の利益です。税引前当期純利益は，経常利益に**特別利益**と**特別損失**を加算・減算して計算されます。マイナスになった場合は，**税引前当期純損失**とよばれます。

　特別利益と特別損失が，経常利益とは異なって非経常的なものであることには注意が必要です。なぜなら，特別利益と特別損失に属する項目であっても，毎期経常的に発生するものであれば，経常損益計算に含める，すなわち経常利益に反映することができるからです。

　特別利益と特別損失には，固定資産の売却益などの臨時的に発生した利益や災害による損失などの臨時的に発生した損失があります。

　特別利益または特別損失に属する各項目は，それぞれの利益または損失を示す科目名を列挙しなければなりませんが，その項目の金額が特別利益

Column ⑩　　　　　　　　　　　　　　費用と損失は似て非なるもの

　費用と**損失**は，ともに経済的な価値を失うことを表します。たとえば，商品を販売すればするほど在庫がなくなるため，販売の都度，在庫から引き渡した商品分の経済的な価値が失われているといえます。このことから，費用は収益を獲得するための犠牲といえるのです。

　とはいえ，たとえば売り上げを伸ばすために，従業員の給料を大幅に上げたとしても，数年後にようやく売り上げが伸びることもあるでしょう。このように，収益が発生するのと同じ会計期間に計上することが難しい**販売費及び一般管理費**に属する費用がほとんどであることに注意すべきです。

　それに対して，損失は意図しないことによるものといえます。収益の獲得に繋がらないような固定資産売却損や火災損失などが挙げられます。さらに，損失は個々の取引によるものばかりでなく，**当期純損失**などのように期間損益計算におけるマイナスを表す場合にも用いられます。

または特別損失の総額の10%以下であれば，具体的には「その他」として一括して表示することができます。

(5)　当期純利益

　当期純利益とは，企業の最終的な業績を表す利益です。当期純利益は，税引前当期純利益から法人税，住民税及び事業税を差し引いた金額です。マイナスになった場合は，**当期純損失**とよばれます。損益計算書では，当期純利益は一番下に記載されますが，前述したとおり貸借対照表では純資産の部に属する繰越利益剰余金に含めて表示されます。以上の5つの利益を含む損益計算書は，**図表6−5**のようになります。

図表6−5　損益計算書の雛形（当期純利益まで）

売上高	1,000
売上原価	500
売上総利益	500
販売費及び一般管理費	300
営業利益	200
営業外収益	
受取利息	150
営業外収益合計	150
営業外費用	
支払利息	100
営業外費用合計	100
経常利益	250
特別利益	
固定資産売却益	50
特別利益合計	50
特別損失	
災害損失	100
特別損失合計	100
税引前当期純利益	200
法人税，住民税及び事業税	100
当期純利益	100

6－1　下記の各金額を用いて，空欄の金額を計算しなさい。

　　売上高 2,000円，期首商品棚卸高　800円，期末商品棚卸高 600円

　　当期商品仕入高 1,200円，販売費及び一般管理費 400円

　　※期末時点において，商品の価値や数量の減少は発生していないものとする。

1．売上原価の金額は，（①）円である。

2．1.の売上原価が300円増加すると，期末商品棚卸高の金額は（②）円減少する。

3．売上高が500円増加しても，販売費及び一般管理費の金額は（③）円である。

6－2　報告式による損益計算書の空欄の金額を計算しなさい。

損益計算書

売上高		1,500
売上原価	（－）	800
売上総利益		（①）
販売費及び一般管理費	（－）	（②）
営業利益		100
営業外収益		120
営業外費用	（－）	（③）
経常利益		140
特別利益		100
特別損失	（－）	40
当期純利益		（④）

経営分析①

〈学習のポイント〉

❶ 財務諸表を活用する方法を理解する。

❷ 経営分析の基本的なしくみを理解する。

❸ 収益性分析について理解する。

〈キーワード〉

経営分析の手法　収益性分析　ROA　ROE　売上高利益率

1　経営分析って何？

(1)　私たちの評価

　私たちは，社会生活を送っていくうえで，他者からさまざまな評価を受けています。たとえば，小学校や中学校，高校の生徒であれば通知表で，大学生であれば成績表で，学業についての評価を受けています。また，社会人であれば，会社で上司や部下から評価を受けます。このようにある一定の数値やデータを基にして評価を受ける場合もあれば，歴史上の偉人のように，どのような活動を行ったかというような結果に対しての評価を受ける場合もあります。さらには，あの人はよい人ですねというような評価や，好き・嫌いというような感情に基づいた評価を行う場合もあるかもしれません。

　いずれにしても，私たちは生活を送る中で，さまざまな評価をしたり，

されたりしながら人生を送っていきます。実は会社についても同じことがいえるのです。

(2) 企業の評価

　会社は法律に従って存続し，社会の中で一定の活動を行っているので，私たちと同様にさまざまな評価を受けています。

　皆さんがある会社の製品を購入しようとする場合，製品そのものの良し悪しを検討してから購入するかしないかを決めることがあるかもしれません。「○○という会社の製品だから気に入っているので購入しよう」であるとか，「△△という会社のブランドだからこの製品がほしい」というような会社の評価を判断の基準にしている場合もあるかもしれません。また，社会人でも自分が働いている会社の評判はどうであろうか，ライバルの会社の状況を知りたい，これから就職する会社のイメージはよいのか悪いのか，といったような評価をしているかもしれません。

　ここで述べた評価は，人それぞれの考え方や意思，社会の状況に応じて，さまざまな基準に基づいてなされる評価であるといえます。

　一方で，会社は，経営活動を行って**利益を最大化**するという目的を持っています。利益の最大化だけが会社の目的ではありませんが，倒産や廃業を前提として経営活動を行う会社は想定できませんので，重要な目的であるといえます。

　そこで，会社の評価を行う場合において，利益という概念を扱う会計のデータに基づいて評価を行うと，さまざまな人にとっての共通の基準をベースにした評価が可能になります。この評価こそが経営分析であるといえます。

2　経営分析は誰が何を目的として行うのか

(1)　誰が何の分析を行うのか－経営分析の主体と目的－

　これまでに学んできた財務諸表は，金額と会計用語を用いて，さまざまな情報が述べられています。皆さんは，その構造を理解しているかもしれませんが，そこからどのような情報を的確に読み取ることができるでしょうか。

　財務諸表は，単に会社が作成するべきものであるというだけではなく，経営者，従業員，株主，銀行などの金融機関（債権者），仕入先や得意先（取引先），税務署など多くの利害関係者（**ステークホルダー**ともいいます）がそれぞれの目的に応じて活用しています。会社がどのような状態にあるのか，今後はどのような方向性を持って経営を行っていこうとしているのかといったことについて，数字（金額）を眺めるだけではなくて，数字（金額）に含まれている意味を自分にとって必要な情報として把握しようとしているのです。したがって，経営分析は利害関係者が何かを決断（意思決定）する際に，会社をどのように評価するのかを体系的にまとめた手法であるといえます。

　しかしながら，株主は会社の株の値上がりの可能性を知りたい，または，配当金の妥当性を知りたい，銀行のような債権者は貸したお金をきちんと返済してくれるかどうかを知りたい，取引先は売掛金や買掛金の回収や支払いの状況を知りたい，税務署は会社の納税申告が正しくなされているか知りたい，従業員はきちんと給料を支払ってもらえるのかどうか知りたいといったようにそれぞれの利害関係者の目的は異なっています。みなさんが利害関係者の立場におかれたら，どのような情報を知るために経営分析（会社の評価）を活用するのか検討してみましょう。

　ちなみに，経営分析に類似した用語としては「財務諸表分析」「企業分

析」「企業評価」「信用調査」といった言葉も使用されますが，おおむね経営分析と同義であるとみなしてもよいでしょう。

(2) 何を分析するのか－分析の対象－

　私たち人間は感情や社会の変化に基づいてさまざまな評価を行う場合があります。個人が会社に対してさまざまな思いを抱くことは自由ですが，利害関係者が会社に関する評価，すなわち経営分析を行う場合は，1つの会社のみを評価する場合もあれば，複数の会社を同時に評価する場合もあります。また，会社の評価が人によってばらばらであると，分析結果に応じて比較を行うことや優劣を判断することが難しくなります。そこで，経営分析には目的は異なっているとしても，誰が分析を行っても同じ結果を求めることができて，客観的な判断を下すことができる必要が生じます。

　一般的に会社の経営の要素は「ヒト・モノ・カネ・情報」といわれています。この中で，「ヒト・モノ・情報」は定性要因とよばれる要素で，数値化することが難しいことが多いので，誰が分析を行っても同じ結果を求めることは難しいといわざるを得ません。むしろ，分析を行う会社に特有の状況を明らかにするために活用することが重要です。ただし，そのためには，会社の経営を観るコツやカンを養う必要があります。

　一方で，「カネ」については，金額という数値で客観的に判断することができる要素なので，分析結果は客観性を持って判断することができるようになります。

　会社の「カネ」という要素を私たちに提示してくれる情報は財務諸表です。簿記や財務会計についての説明の中でも述べられてきたように，会社は1年間という期間（会計期間）を定めて，財務諸表という会計データを作成しています。この財務諸表こそが経営分析を行う際の対象となるのです。

3　どのように分析するのか−分析の手法−

　経営分析を行うに当たっては，１社のみを分析する場合や複数の会社を分析する場合によって考え方が異なります。ここでは代表的な分析の考え方を説明します。

(1)　比較分析

　他社との違いを明らかにする場合や，自社がこれまでにどのような経緯を経て現在に至ったのかを明らかにする場合には比較分析を用います。比較分析には自社の過去の状況と現在の状況を比較する**時系列比較**と，自社と他社を比較する**相互比較**の２つの考え方があります。

①　時系列比較

　時系列比較では，自社の過去のデータと現在のデータを比較して分析を行います。一般的には，３年から５年の期間で比較を行います。

②　相互比較

　相互比較では，ライバル会社や同業他社，業界全体の平均データと自社のデータを比較して分析を行います。

(2)　比率分析と実数分析

①　比率分析

　経営分析では，比率を用いた分析を行うことがよくあります（**比率分析**）。比率分析は，２つの数値の関係性を示したものですが，その関係には，損益計算書の２つの項目の関係，貸借対照表の２つの項目の関係，損益計算書と貸借対照表の項目の関係など，さまざまな組み合わせがあげられます。

　代表的な比率分析の項目としては，収益性を検討する際に最も基本とな

る**総資産（資本）利益率**があげられます（この比率の内容については後述します）。

$$総資産利益率 = \frac{利益}{総資産} \times 100 = \frac{売上高}{総資産} \times \frac{利益}{売上高} \times 100$$
$$= 総資産回転率 \times 売上高利益率$$

　総資産利益率は企業全体の収益性を表していますが，上記のように公式を分解することができます。売上高利益率は収益のうちでどれだけ利益を得る能力があるかを表しており，総資産回転率はどれだけ効率的に利益を得ることができるのかを表しています（後ほど詳しく説明します）。単に計算ができるだけではなく，計算した結果にどのような意味が含まれているのかを知ることが大事です。

②　実数分析

　経営分析では比率を用いて分析を行うことが多いのですが，財務諸表上の実数を用いる場合もあります（**実数分析**）。実数分析は貸借対照表や損益計算書の期間比較，損益分岐点分析などで用いられています。

(3)　比較分析と比率分析・実数分析の関係

　比較分析と比率分析・実数分析は，相互に独立した関係となっているのではないことに留意してください。比較分析を実数分析で行う場合もあれば，比較分析を比率分析で行う場合もあります。それぞれ相互に関連性を持っています。大事なことは，目的のためにどのような分析を組み合わせて検討するのかということになります。

　ここでは，時系列比較と比率分析の組合せについて，先ほど紹介した総資産利益率をグラフ化しました。会社の比率が年度ごとにどのような推移をたどっているのかをわかりやすく明示することができます。

図表7-1　分析の組み合わせ

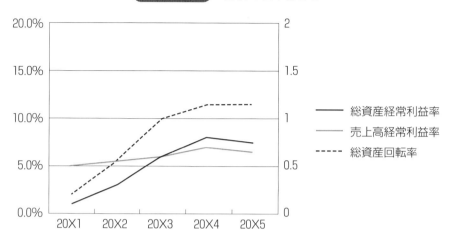

4　何を明らかにするのか－経営分析の内容－

　経営分析は会社の評価を行うことで，会社の実態を明らかにします。すでに述べたように分析者の視点によって評価すべき項目は異なります。経営分析によって明らかにすることができる点は，**収益性，安全性，生産性，成長性，企業価値**です。

(1)　収 益 性

　収益性では，会社が利益を得ているのかどうかを明らかにします。先ほど述べた総資産利益率や株主資本利益率，売上高利益率などがよく知られています。主に比率を用いて分析を行いますが，利益額そのものを比較する場合もあります。

(2)　安 全 性

　流動性ともよばれますが，安全性では，会社が負債をきちんと支払い続

けることができるかどうか，倒産せずに今後も会社を継続することができ
るかどうかを判断します。一般的には，安全性では短期的な安全性と長期
的な安全性の２つの側面から分析を行います。

(3) 生 産 性

会社は調達した資金を効率的に利用して，資産として活用しています。
その過程で利益が創出され，会社の経営が継続されていきます。生産性で
は，経営資源の投入（インプット）と産出（アウトプット）がどのような割
合になっているのかを検討します。生産性が高まれば，会社はコストを削
減して収益性を高めることができます。

(4) 成 長 性

老舗の和菓子店のように，会社が長く歴史的に存続していくことが重要
な場合もありますが，経済が発展していく現代においては，会社が社会の
中で相対的に発展していくことも求められます。このためには，会社は一
定程度の成長が求められます。成長しない会社は社会に取り残されてしま
う危険があります。

(5) 企業価値

会社の経営が複雑化していく中で，新しい資金を投入して新規ビジネス
を展開するよりも，既存の会社を買収して，その会社が有しているノウハ
ウや技術力を活用して新しいビジネスに進出しようとする場合があります。
このときに，買収する会社の価格をどのように算出すべきかが企業価値
によって分析されます。また，企業価値は会社の株価とも密接な関係があ
るので，株価の分析にも活用されます。

経営分析には，さまざまな分析の視点がありますが，このテキストでは，
分析の入り口として，収益性分析（第7章）と安全性分析（第8章）につ

いて紹介します。

5　収益性分析

　会社は経営活動を通して持続的に発展をするために利益を得て，その利益をさらに自社の経営活動に再投資をすることで，さらに発展を遂げるというプロセスを継続しています。

　したがって，会社にとっては利益を最大化させることが経営の目的の1つであり，より効率的に利益を得ることが重要になります。利益をどのように得ているのかを分析することを**収益性分析**といいます。収益性分析には，効率的に利益を得ることができているかを分析する資産利益率を用いた分析と，会社の収益（売上高）と利益の関係を分析する売上高利益率とがあります。

　一般に，資産利益率や売上高利益率はその数値が大きいほど，会社の収益力が高いことを意味します。

(1)　資産利益率

　資産利益率は，会社が所有する資産（または資本）を効率的に活用して利益を得ることができているのかを分析する指標です。以下のように表すことができます。

$$資産利益率 = \frac{利益}{資産} \times 100\ (\%)$$

　分母にどのような資産項目を用いるのか，また，分子にどのような利益項目を用いるのかで，資産利益率が示す内容は変化します。ただし，適当に項目を当てはめればよいというわけではなく，資産と利益の間に何らかの因果関係がなくてはなりません。以下では，代表的な資産利益率を2つ紹介します。

① 総資産経常利益率

会社全体の収益性を分析するために用いられる比率です。Return On Asset の頭文字を取って，ROA とよばれます。

$$総資産経常利益率（ROA）= \frac{経常利益}{総資産} \times 100 （\%）$$

② 自己資本利益率

株主資本利益率ともよばれますが，株主の立場から収益性を分析するのに役立ちます。Return On Equity の頭文字を取って，ROE とよばれます。

$$自己資本利益率（ROE）= \frac{当期純利益}{純資産} \times 100 （\%）$$

(2) 売上高利益率

売上高利益率は，分母に売上高，分子に利益を用いて算出する比率です。資産利益率と同様に会社の収益性を分析するのに役立ちます。増収増益と

Column ⑪　　　　　　　比率が損益計算書と貸借対照表の数値を使う場合

ROA や ROE の算式は，分母が貸借対照表の数値（1時点のストック），分子が損益計算書の数値（1年間を通じたフロー）になっています。このような場合，貸借対照表の数値も1年間を通じた期中平均（期首と期末の平均）を使います。

$$ROA = \frac{経常利益}{総資産（期中平均）} \times 100 \qquad ROE = \frac{当期純利益}{純資産（期中平均）} \times 100$$

分母と分子がそれぞれ貸借対照表の数値の場合，分母と分子がそれぞれ損益計算書の数値の場合には，期中平均する必要はありません。

いう言葉がありますが，収益（売上高）がいくら多くても（または増加しても），収益に伴って利益も増加しなければ，効率よく利益を得ることはできません。会社の目的の1つはあくまで利益を最大化することにあります。売上高利益率は以下のように表すことができます。

$$売上高利益率 = \frac{利益}{売上高} \times 100 \,(\%)$$

　損益計算書には，いくつかの利益が用いられていますが，売上高利益率も分子の利益にどの利益を用いるかによって比率が表す意味が異なります。代表的な売上高利益率を以下で紹介します。

①　売上高総利益率
粗利益率ともよばれますが，会社の収益性の根本（売価と原価の値幅）を表します。

$$売上高総利益率 = \frac{売上総利益}{売上高} \times 100 \,(\%)$$

②　売上高営業利益率
売上高営業利益率は会社の中心となるビジネス（本業）の収益力を表します。この比率がマイナスであると，会社の経営を根本から検討する必要があります。

$$売上高営業利益率 = \frac{営業利益}{売上高} \times 100 \,(\%)$$

③　売上高経常利益率
売上高経常利益率は会社の財務活動を含めた収益力を分析するために用

います。会社の正常収益力を反映しているので，会社の金融活動を含めた分析を行うことができます。

$$売上高経常利益率 = \frac{経常利益}{売上高} \times 100 \,(\%)$$

④ 売上高当期純利益率

売上高当期純利益率は，会社の最終段階の利益である当期純利益を分子に用います。当期純利益は，配当金と会社の内部留保になるので，株主にとっても重要な比率となります。

$$売上高当期純利益率 = \frac{当期純利益}{売上高} \times 100 \,(\%)$$

(3) 資産利益率と売上高利益率の関係

資産利益率と売上高利益率は，どちらも収益性分析に用いられますが，実は密接な関係にあります。資産利益率の分母と分子をそれぞれ売上高で割ると以下のように表すことができます。

$$資産利益率 = \frac{利益}{資産} \times 100 = \frac{売上高}{資産} \times \frac{利益}{売上高} \times 100$$
$$= 資産回転率（回）\times 売上高利益率（\%）$$

資産利益率の計算式は，資産回転率（回）と売上高利益率（％）という2つの比率に分解することができます。資産回転率（売上高／資産，単位：回）は，会社が保有する経営資源をどのように効率的に活用して利益を得ることができたかを表しています。100円の資産で売上高100円を得たとすれば，資産回転率は1回となります。

ROA と ROE について実際に分解してみると，以下のように表すことができます。

$$ROA = \frac{経常利益}{総資産} \times 100 = \frac{売上高}{総資産} \times \frac{経常利益}{売上高} \times 100$$
$$= 総資産回転率 \times 売上高経常利益率$$

$$ROE = \frac{当期純利益}{純資産} \times 100 = \frac{売上高}{総資産} \times \frac{当期純利益}{売上高} \times 100 \div \frac{純資産}{総資産}$$
$$= 総資産回転率 \times 売上高当期純利益率 \div 自己資本比率$$

ROE の分解では，新たに自己資本比率という比率が登場しました。自己資本比率は，会社の総資産に占める純資産の割合を表しています。総資産回転率と売上高当期純利益率が一定であるとすると，自己資本比率が小さければ小さいほど，ROE は増加します。

自己資本比率の分母は総資産（負債＋純資産）なので，負債の金額が大きくなると ROE は増加することになります。ただし，負債を無制限に増加させると返済の負担が大きくなるので，注意が必要です。

例題7－1　下記の損益計算書と貸借対照表（単位は円）に基づいて，問いに答えなさい。

損益計算書

売上高	10,000
売上原価	5,600
売上総利益	4,400
販売費及び一般管理費	2,400
営業利益	2,000
……	
経常利益	1,400
……	
当期純利益	600

貸借対照表

資産	20,000	負債	12,500
		純資産	7,500
資産合計	20,000	負債・純資産合計	20,000

問1　以下の比率を求めなさい。

①　売上高総利益率

②　売上高営業利益率

③　売上高経常利益率

④　売上高当期純利益率

⑤　総資産経常利益率（ROA）

⑥　自己資本利益率（ROE）

⑦　総資産回転率

⑧　自己資本比率

問2　問1で求めた⑤ROAと⑥ROEを次のように分解して表しなさい。

⑤　ROA＝総資産回転率×売上高経常利益率

⑥　ROE＝総資産回転率×売上高当期純利益率÷自己資本比率

《解答》

問1

①　売上高総利益率 $= \dfrac{4,400}{10,000} \times 100 = 44\%$

②　売上高営業利益率 $= \dfrac{2,000}{10,000} \times 100 = 20\%$

③　売上高経常利益率 $= \dfrac{1,400}{10,000} \times 100 = 14\%$

④　売上高当期純利益率 $= \dfrac{600}{10,000} \times 100 = 6\%$

⑤　総資産経常利益率（ROA）$= \dfrac{1,400}{20,000} \times 100 = 7\%$

⑥　自己資本利益率（ROE）$= \dfrac{600}{7,500} \times 100 = 8\%$

⑦　総資産回転率 $= \dfrac{10,000}{20,000} = 0.5回$

⑧　自己資本比率 $= \dfrac{7,500}{20,000} \times 100 = 37.5\%$

問2

⑤　ROA ＝⑦0.5回×③14％＝ 7 ％

⑥　ROE ＝⑦0.5回×④ 6 ％÷⑧37.5％＝ 8 ％

◆ Training ◆

7 － 1　下記の貸借対照表と損益計算書（金額単位は円）の抜粋を用いて，以下の比率を計算しなさい。

損益計算書	
売上高	1,000
売上原価	200
売上総利益	800
販管費	700
営業利益	100
受取利息	20
支払利息	15
経常利益	105
法人税等	54
当期純利益	51

貸借対照表	
負債	450
純資産	350
負債・純資産合計	800

①　売上高総利益率

②　売上高営業利益率

③　売上高経常利益率

④　売上高当期純利益率

⑤　総資産経常利益率（ROA）

⑥　自己資本利益率（ROE）

7 － 2　7 － 1 で求めた ROA と ROE を以下のようにそれぞれ分解しなさい。

①　ROA＝売上高経常利益率×総資産回転率

②　ROE＝売上高当期純利益率×総資産回転率÷自己資本比率

経営分析②

〈学習のポイント〉

❶ 会社が継続していくことができるかを分析する安全性分析を理解する。

❷ 短期，長期，商品売買に関する安全性分析の役割を理解する。

❸ 流動比率や固定比率などの安全性に関する指標について理解する。

〈キーワード〉

安全性分析　短期安全性分析　長期安全性分析　資本構成　手持月数

1　安全性分析は何をするの？

　第7章では，経営分析の基本的な概要について説明をしたうえで，いくつかの分析の視点のうち，収益性分析について触れました。第8章では，第7章に引き続き**安全性分析**についてとり上げることにします。

　一般的に，会社の経営は継続することを前提として行われていて，途中で辞めてしまうことは想定されていません。このことを経営学の用語では**ゴーイング・コンサーン**（Going Concern：継続企業）といいます。

　しかし，会社の経営を辞めなくてはならなくなってしまうことも少なくありません。何らかのトラブルや会社の後継者の不在，会社の業績が悪化してしまうことから，これ以上会社の経営を続けたくても続けられないという状況に陥ります。株式会社東京商工リサーチという企業調査を実施している会社のデータによると，2022年度に1,000万円以上の負債を抱えて倒産した会社の数は日本国内で6,880件にのぼります。

　会社が倒産すると，従業員は働く場所を失ってしまいます。倒産する会社が増えていくと景気が悪くなっていきます。そういった社会的な環境の変化が表れ，消費者や会社の取引先，会社に融資をしている銀行等さまざまな関係者に影響を及ぼすのです。

　そこで，経営分析では，会社が倒産せずに継続できるのかどうかを分析する安全性分析が行われています。安全性分析は経営分析の歴史の中でも最も古くから実施されてきた分析であり，収益性分析と並んで重要視されています。以下では，安全性分析の内容を検討していきます。

2　安全性分析の概要

　安全性分析では，会社が倒産せずに継続できるのかどうかをいくつかの視点から分析していきます。経営分析を行ううえで想定される安全性を損ねる要因としては，以下の点が考えられます。

①　売上債権の過大
　売掛金や受取手形といった売上債権が過大になると，会社にお金がなかなか入ってこなくなり，会社経営が安定しなくなります。
②　棚卸資産の過大
　在庫（棚卸資産）が過大になると，製品・商品の販売計画と生産計画のバランスが崩れてしまい，過剰在庫や不良在庫が発生することがあります。
③　固定資産の過大
　生産設備等（固定資産）が過大になると，多すぎる設備が会社の経営を圧迫することになり，設備の操業度は低下します。
④　自己資本の減少
　自己資本が減少すると借入金等の負債への依存が高まり，負債の支払いや支払利息の増加によって経営が圧迫されます。
⑤　利益の減少
　利益の減少は売上高の減少や費用の増加を意味しますので，効率的な経営が行われていないということになります。

　以上のような問題点を発見し，改善するために安全性分析を行います。経営分析では安全性分析を行う際に，短期的視点と長期的視点の2つの視点から分析を行います。

3　短期安全性分析

　会社を短期的に見た場合に安全かどうかを分析します。すなわち，近い将来（1年以内）に支払いが発生する流動負債に対して，その支払手段となる流動資産（短期間で換金できる資産）は十分かどうかを検討します。分析のための指標には**流動比率**と**当座比率**を用います。

(1)　流動比率

　土地や建物はすぐに売却して現金化できるかどうかがわかりません。短期的に支払期限が到来する流動負債に対して，支払う現金を用意できなければ倒産する可能性が非常に高くなります。

　つまり，1年以内に支払いが発生する流動負債の支払いは，同じように1年以内に換金可能な流動資産で対応することが重要になります。流動負債の支払いを流動資産で賄うことができるかどうかを判断するのが流動比率です。一般的に，流動比率は120%以上であることが望ましいといわれています。

$$流動比率 = \frac{流動資産}{流動負債} \times 100 \ (\%)$$

(2)　当座比率

　流動資産の基本的な内訳は当座資産，棚卸資産，その他の流動資産に区分することができます。それぞれの特徴は**図表8-1**のとおりです。

　図表8-1に示されたとおり，棚卸資産は製品や商品等のことです。そ

図表8-1 流動資産の内訳

流動資産	当座資産	現金預金，売上債権，有価証券等のことで最も換金性が高い。
	棚卸資産	製品や商品等であり，販売しないと換金できない。
	その他の流動資産	前払費用，未収金等で，その性質から支払い手段にならない。

のため，他者に販売する期間が必要であり，すぐに換金できるかがわかりません。これでは流動負債の支払いに適しているとはいえません。また，その他の流動資産はそもそも流動負債の支払手段にはできません。

そこで，より正確に短期的な安全性を分析するためには，当座比率を用います。**当座比率**は，当座資産と流動負債のバランスを検討する指標です。

$$当座比率 = \frac{当座資産}{流動負債} \times 100 \, (\%)$$

※当座資産＝現金預金＋売上債権＋有価証券

4　長期安全性分析

短期安全性分析では1年以内という期間を対象としていましたが，長期安全性分析では1年を超える期間を対象として安全性の検討をしていきます。会社はゴーイングコンサーンですので長期的な視点からも経営活動を実施しています。そのため，長期的視点での分析も必要になります。

たとえば，製造業では工場や機械設備を導入して製品の製造を行っています。こうした工場や機械設備を**固定資産**といいます。固定資産の購入の際に，自社の資金だけで足りるなら問題はありませんが，多くの場合，資金は不足します。資金が不足していれば，その分の資金を外部から調達しなくてはなりません。一般的には借入金で調達します。

固定資産は長期間にわたって活用することになります。固定資産の購入資金を借入金で調達する場合，すぐに返済しなければならない流動負債で

は会社の負担が大きくなってしまいます。したがって，1年を超えての返済となる固定負債で資金調達を行う必要があります。このように，固定資産と固定負債の間には密接な関係がありますので，そのバランスはどうなっているのか，また，余力を持って固定資産の活用ができているのかどうかを検討していくことになります。

(1)　固定比率

固定資産の運用について，原則として返済の必要のない自己資本で賄うことができているかどうかを分析する指標のことを固定比率といいます。一般的には，100% 以下が望ましいとされています。

$$固定比率 = \frac{固定資産}{自己資本} \times 100 \ (\%)$$

(2)　固定長期適合率

自社の資金，すなわち自己資本のみで固定資産を賄うことができているほうがよいとされていますが，自己資本だけでは不足することがほとんどです。実際には固定負債で固定資産を調達する場合が多くあります。そこで，固定資産について，自己資本と固定負債のバランスがどうなっているのかを検討する指標として固定長期適合率を用います。固定長期適合率も一般的に100% 以下であったほうがよいといわれています。

$$固定長期適合率 = \frac{固定資産}{自己資本 + 固定負債} \times 100 \ (\%)$$

5　資本構成から見た安全性

会社の負債と純資産の割合のことを資本構成といいます。資本構成の割

合はどの程度がベストか，ということは一概にはいえません。安全性の観点からは，負債が少なければ借金を理由に倒産する可能性が低くなることから，負債が少なければ少ないほど安全だといえそうです。そこで，資本構成についても分析を行います。

　資本構成を分析するために，第7章のROEの箇所で触れた**自己資本比率**を利用します。

$$自己資本比率 = \frac{自己資本}{総資産} \times 100 \, (\%)$$

　一般的には，自己資本比率が高いと安全であるとされていますが，日本の大企業（上場企業）の平均は概ね50%程度といわれています。中小企業の資金調達については，銀行などの金融機関に依存する部分が大きく，自己資本比率は50%以下の場合が多いです。

　また，自己資本比率の代わりに**負債比率**を用いて資本構成を検討することもあります。欧米では，負債比率がよく使われます。

$$負債比率 = \frac{負債合計}{自己資本} \times 100 \, (\%)$$

　負債比率が100%であるとき自己資本比率は50%となっていて，同じ状態を示しています。また，負債比率が100%を上回っていくと，負債が自己資本より多くなりますので，安全性が低下することになります。

例題8－1　下記の貸借対照表（単位は円）に基づいて，以下の比率を答えなさい。

貸借対照表

流動資産	8,000	流動負債	5,000
（うち当座資産）	(4,200)		
固定資産	12,000	固定負債	5,000
		純資産（自己資本）	10,000
資産合計	20,000	負債・純資産合計	20,000

① 流動比率

② 当座比率

③ 固定比率

④ 固定長期適合率

⑤ 自己資本比率

⑥ 負債比率

《解答》

① 流動比率 $= \dfrac{8,000}{5,000} \times 100 = 160\%$

② 当座比率 $= \dfrac{4,200}{5,000} \times 100 = 84\%$

③ 固定比率 $= \dfrac{12,000}{10,000} \times 100 = 120\%$

④ 固定長期適合率 $= \dfrac{12,000}{10,000+5,000} \times 100 = 80\%$

⑤ 自己資本比率 $= \dfrac{10,000}{20,000} \times 100 = 50\%$

⑥ 負債比率 $= \dfrac{5,000+5,000}{10,000} \times 100 = 100\%$

6 商品売買に関する安全性分析

　ここまで，会社の安全性分析について，短期と長期という期間の観点から分析する指標を説明してきました。いずれも重要な分析方法ですが，会社の経営については，お金の調達と返済の流れが滞っていないか，という側面から分析する必要があります。そこで，ここからは会社のお金の流れに関する指標を中心に安全性を検討します。

(1) 棚卸資産手持月数

　棚卸資産は商品や製品といったいわゆる在庫のことをいいます。棚卸資産が増加するということは，それらを外部から購入するということです。購入した製品を保管することになれば倉庫が必要になりますが，倉庫は作るか，あるいは借りなくてはなりません。どちらの場合も資金や手数料が必要になります。こうした会社の経営を効率的に行うには，棚卸資産は多すぎても少なすぎてもいけません。棚卸資産の水準が適正かどうかを判断するための指標として，棚卸資産手持月数を活用します。棚卸資産手持月数は，○○カ月という単位で表しますが，どれぐらいの水準が適正かどうかについては，業界や業種によって異なります。

$$棚卸資産手持月数 = \frac{棚卸資産}{売上高 \div 12} （カ月）$$

(2) 売上債権手持月数と買入債務手持月数

　会社が経営に必要な資金を安定的に確保するにはどうすればよいでしょうか。すべての取引が現金で決済されるのなら，常に会社の金庫に現金を保有することになるので，現金が不足して困ることはないかもしれません。しかしながら，商品売買等の取引では，後日お金を回収する売掛金や受取

手形といった売上債権がありますし，同様に後日お金を支払う買掛金や支払手形も存在します。これらの取引のタイミングを間違えると，今すぐに支払う必要があるのにお金を回収できるのは後日，といった事態が発生しかねません。

　一般的に，お金の回収が早くてお金の支払いが遅い場合は，会社にお金をプールしやすくなるため，安全性が高いといえます。

　こうしたお金の回収と支払いに関する分析を行うための指標が**売上債権手持月数**と**買入債務手持月数**です。それぞれの指標は以下のように表すことができます。

$$売上債権手持月数 = \frac{売上債権}{売上高 \div 12}（カ月）$$

$$買入債務手持月数 = \frac{買入債務}{売上原価 \div 12}（カ月）$$

　売上債権手持月数と買入債務手持月数の関係は，下記のように考えることができます。

①　売上債権手持月数＞買入債務手持月数

　代金の回収が支払いよりも遅くなってしまいますので，会社からお金が出ていくペースが早く，会社にお金がたまりにくくなります。そのため資金は安定しなくなりがちです。

図表8-2　　売上債権手持月数＞買入債務手持月数

買入債務手持月数　3.0カ月

売上債権手持月数　3.5カ月

期末

支払いよりも資金回収が遅く，定期的に0.5カ月分資金が不足しますので，資金が安定しません。

② 売上債権手持月数＜買入債務手持月数

代金の回収が早く支払いが遅い状態ですので，会社に入ってくるお金がたまりやすく，資金は比較的安定します。

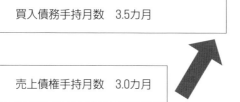

図表 8 - 3   売上債権手持月数＜買入債務手持月数

買入債務手持月数　3.5カ月

売上債権手持月数　3.0カ月

支払いよりも資金回収が早く，回収資金によって買入債務の支払いができますので，資金が安定します。

期　末

Column ⑫   お金がたくさんあればよいのですか？

　長い間，会社の経営にはたくさんのお金があることはよいことであると考えられていました。銀行から借金をしない無借金経営は会社の経営が上手であることの証（あかし）と考えられていた時期もありました。

　確かにお金がたくさんあれば急な支払いなどにも対応できますので，倒産の危険は非常に低くなります。ですが，会社の金庫のなかにお金がたくさん眠っているということは，そのお金は何も生み出していないということでもあります。会社が新しいビジネスに挑戦することもなく，そのお金は使われることもなく単に余っているだけという状態なのです。

　会社の経営で求められるのは，利益を得るために会社が成長していくことです。安全なだけでは会社は成長してくれません。果敢にチャレンジして，常に新しいビジネスに向けて挑戦し続けなくてはいけません。そのときに必要なお金を確保することは重要なことですが，金庫のなかで無駄にお金を眠らせておく必要はないのです。

例題 8 − 2 下記の貸借対照表（単位は円）に基づいて，以下の比率を答えなさい。

貸借対照表

流動資産		流動負債	
現金預金	3,700	買入債務	3,900
売上債権	4,800	その他	100
棚卸資産	2,340		
固定資産	5,160	純資産（自己資本）	12,000
資産合計	16,000	負債・純資産合計	16,000

なお，売上高は24,000円，売上原価は15,600円である。

① 棚卸資産手持月数
② 売上債権手持月数
③ 買入債務手持月数

《解答》

① 棚卸資産手持月数 $= \dfrac{2{,}340}{24{,}000 \div 12} = 1.17$ か月

② 売上債権手持月数 $= \dfrac{4{,}800}{24{,}000 \div 12} = 2.4$ か月

③ 買入債務手持月数 $= \dfrac{3{,}900}{15{,}600 \div 12} = 3$ か月

8－1 下記の貸借対照表と損益計算書（金額単位は円）の抜粋を用いて，以下の比率を計算しなさい。

<table>
<tr><td colspan="2" align="center">損益計算書</td></tr>
<tr><td>売上高</td><td>1,400</td></tr>
<tr><td>売上原価</td><td>600</td></tr>
<tr><td>売上総利益</td><td>800</td></tr>
<tr><td>販管費</td><td>750</td></tr>
<tr><td>営業利益</td><td>50</td></tr>
<tr><td>受取利息</td><td>50</td></tr>
<tr><td>支払利息</td><td>40</td></tr>
<tr><td>経常利益</td><td>60</td></tr>
<tr><td>法人税等</td><td>28</td></tr>
<tr><td>当期純利益</td><td>32</td></tr>
</table>

<table>
<tr><td colspan="4" align="center">貸借対照表</td></tr>
<tr><td>流動資産合計</td><td>(500)</td><td rowspan="2">流動負債</td><td rowspan="2">350</td></tr>
<tr><td>当座資産</td><td>300</td></tr>
<tr><td>棚卸資産</td><td>130</td><td rowspan="2">固定負債</td><td rowspan="2">400</td></tr>
<tr><td>その他の流動資産</td><td>70</td></tr>
<tr><td>固定資産</td><td>550</td><td>純資産</td><td>300</td></tr>
<tr><td>資産合計</td><td>1,050</td><td>負債・純資産合計</td><td>1,050</td></tr>
</table>

① 流動比率 ④ 固定長期適合率

② 当座比率 ⑤ 自己資本比率

③ 固定比率 ⑥ 負債比率

8－2 以下の貸借対照表抜粋（金額単位は円）から売上債権手持月数と買入債務手持月数を比較しなさい。

<table>
<tr><td colspan="4" align="center">貸借対照表（抜粋）</td></tr>
<tr><td>流動資産合計</td><td>(660)</td><td>流動負債合計</td><td>(370)</td></tr>
<tr><td>現金預金</td><td>270</td><td>買入債務</td><td>140</td></tr>
<tr><td>売上債権</td><td>220</td><td>その他</td><td>230</td></tr>
<tr><td>有価証券</td><td>40</td><td></td><td></td></tr>
<tr><td>棚卸資産</td><td>110</td><td></td><td></td></tr>
<tr><td>その他の流動資産</td><td>20</td><td>固定負債</td><td>270</td></tr>
<tr><td>固定資産</td><td>290</td><td>純資産</td><td>310</td></tr>
<tr><td>資産合計</td><td>950</td><td>負債・純資産合計</td><td>950</td></tr>
</table>

※売上高：600　売上原価：400　とします。

原価計算

　原価を知ることはビジネスの第一歩です。メーカーや小売業だけでなく，運輸，通信，サービス，医療・福祉など，あらゆる業種・業態において原価計算は価格設定の重要な基礎としての役割もあるからです。原価＝材料費というイメージがあるかもしれませんが，それは原価の一部にすぎません。また，原価は必ずしも一定ではないため，一度，算出すれば終わりというものでもありません。その時々，状況によって変化する原価を適切に把握することが経営の要であり，それによって損失を回避し，利益を増やすことが可能です。原価計算を制する者がビジネスを制するといっても過言ではないのです。

1　原価計算

　企業の究極の目的は，経営活動（製造・販売など）を裏付けとして，利益を獲得することにあります。利益は売上高などの収益から経営活動等で

発生した費用（原価）を差し引いて算出（利益＝収益－費用（原価））されるので，原価計算は企業にとって欠くことのできない重要な作業です。製品の販売価格が製造原価を上回ったかどうかがわからなければ，適切な利益計算はできません。製造原価がわかれば，原価を削減し，利益をより多く獲得する戦略的な行動もできるようになります。こうした側面から，原価計算は単に原価を計算するだけでなく，原価を計画し，分析するシステムとして捉えることができます。

　このように原価計算は利益計算にとって不可欠な作業ですが，まずはその前提として原価がどのように定義づけられているかを知らなければなりません。一般的に，原価とは「企業がビジネスという特定の目的のために費やす資源の消費」と定義されます。たとえば，製造業を営む企業においては，製品を製造するのにかかる人件費および製造過程で生じる材料の消

Column ⑬　　　　　　　製品，商品，サービスの扱い方と会計の役割

　会計で製品という場合，販売を目的に直接製造したものをいいます。たとえば，自社の工場でパンを製造する場合，パンは**製品**です。一方，別のパン工場が製造したパンを仕入れて販売のみを行う場合，パンは**商品**となります。

　こうした製品や商品は，消費者が見たり，触ったり，感じたりできる物理的な物ですが，配送や清掃業務など，何らかの経済的活動に対して代価が支払われる場合には，それは**サービス**とよばれます。

　会計を学ぶにあたって特に注意が必要なのは，このサービスのように直接触ったり，感じたりできないモノの取り扱い方です。アマゾンの個人配送業者の原価はどう計算すればよいのでしょうか？　マクドナルドの店員のサービスの原価はどうでしょうか？　会計という社会共通のルールがあるからこそ，こうした形のない経済活動についても原価を計算し，利益を計算することができるということに気づけば，会計の学習はもっと面白くなるはずです。

　ビジネスは時代とともに大きく変化しています。今，皆さんが親しんでいる音楽配信サービスやウーバーイーツのような新しいサービスがビジネスとして成立しているのも，会計による経済活動の**見える**化のおかげなのです。

費などが原価として計算されます。

2　原価計算の目的

　現行の原価計算システムは「原価計算基準」（1962年11月8日付で大蔵省
企業会計審議会によって公表された基準）において原則的なルールが定めら
れており，原価の意味もそれにしたがって定式化されています。すなわち，
原価とは「経営における一定の給付にかかわらせて，は握された財貨また
は用役の消費を貨幣価値的に表したもの」（原価計算基準第一章三「原価の
本質」）と定義づけられています。この定義からは多くの原価計算の目的
が導き出されています。

　経営者（広くいえば，ビジネスの関係者）は，原価計算を使って収益性を
判断します。原価の計算ができれば，価格との差額から利益がわかるから
です。原価，価格，利益が予測できれば，将来の意思決定にも役立てるこ
とができます。こうしたことから，原価計算は管理会計の役割と重複する
部分が多くあります（詳しくは第10章を参照してください）。したがって，
原価計算は過去の原価情報を分析し，将来の情報まで予測する役割も担っ
ていますし，そのプロセスはビジネスの全般にわたって行われます。

　原価の定義を前提として，次のように原価計算の目的が導かれています。

●財務諸表の作成
●価格設定
●原価管理
●予算の編成・予算統制
●経営計画の設定

　こうした原価計算の目的を経営活動の全体的なプロセスから次のように
イメージすることができます。すなわち，経営計画は原価情報を根拠にし
て予算編成として具体化されます。そのプロセスの中で，原価情報に基づ

く原価管理と価格計算が行われ，最終的に経営の結果が財務諸表に表示されることになります。

Column ⑭   給付ってなに？

　原価計算基準の原価の定義には給付という言葉が含まれています。原価計算では「経営が作り出す財貨」[原価計算基準第一章三「原価の本質」（二）]のことを指して給付という言葉を使用しています。皆さんが混乱してしまうのは，給付という言葉が原価計算以外の場面でもよく登場するからです。たとえば，給付型奨学金，定額給付金といった言葉をよく耳にしますが，給付型奨学金は返済不要の奨学金のことで，定額給付金も返済する必要のない金銭の支給のことです。こうした日常的に使われる言葉の意味で原価計算の給付を理解しようとすると，混乱してしまうかもしれません。

　原価計算における給付の意味を特殊なものとして，ただ丸暗記するのも1つの手ですが，それでは本当に理解したことにはなりません。そういうときは，ドイツ会計が参考になります。日本の会計はもともとドイツやフランスの会計を手本にして，その後アメリカ会計の影響を受けて現在に至っているからです。ドイツ会計では販売する前の製品を**給付（Leistungen）**とよびますが，考え方として，生産された製品はすべて販売されることを想定している場合，**給付と収入(Erlösen)** を同じ意味で使う場合もよくあります。企業にとって製品を販売して収入を得ることが経営の前提だからです。ちなみに，この給付の意味には有形の製品も無形のサービスも両方含まれます。

　さて，ドイツ会計における給付の意味を参考にすると，原価計算基準でいう**給付**とは，まだ販売されていない**製品**として考えることができます。給付型奨学金または定額給付金は国や公共団体などによる公的サービスとしての性質があり，一種の公的製品として考えられるものです。公的製品の場合，企業の製品とは違って，対価を前提とする販売を目的としていない違いはありますが，特定の目的のために提供されるモノである点では同じです。

　最近，会計の世界では給付という言葉の使用が少なくなりましたが，原価計算基準それ自体は，依然として現行の原価計算システムの基礎になっています。このように難しい言葉も少し深く，広く考えてみると，学びの楽しみはもっと増えるかもしれません。

　このように，原価計算は単に原価を計算するだけのシステムというより，冒頭でも述べているように，ビジネスという特定の目的のために費やす資源の消費として捉えられているのです。財務諸表等に関しては別の章で取り上げていますので，ここでは原価計算による価格設定の目的についてもう少し説明することにします。価格設定の目的を理解することで，原価の役割もわかるようになります。

＜原価計算の価格設定＞

　製品を製造販売する企業にとって，さまざまな製品に対していくらの値段（価格）をつければよいかは重要な意思決定の問題になります。

　価格の設定に関しては，大きく2つの考え方があります。1つ目は，**原価ベースの価格設定**という考え方です。この考え方は，まず製品の原価を計算し，そこに期待する利益率を加味して，原価を上回る価格を設定するものです。原価ベースの価格設定の基本公式は下記のとおりです。製品の原価さえ特定できれば，簡単に製品価格を設定することができます。

期待販売価格	＝	原価	＋	期待利益

or

期待販売価格	＝	原価	×	1＋期待利益率

　たとえば，ラーメンを販売するビジネスを想定してみましょう。仮にラーメン1杯を作るのにかかる原価が495円だとします。さて，ラーメン1杯の原価が495円だとわかったら，それを上回る価格を設定すれば利益が出せるということがわかります。いくらを適切な利益にするかに関してはさまざまな考慮事項が考えられますが，たとえばラーメン1杯作るのにかかる時間と労力を考えれば，55円が望ましいと考えられるかもしれません。このように考えれば，原価495円に対して利益55円は10％の利益率ということができ，ラーメン1杯の販売価格を550円として設定できます。この時の原価率は90％ということができます（**図表9-1**を参照）。

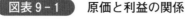

図表9-1 原価と利益の関係

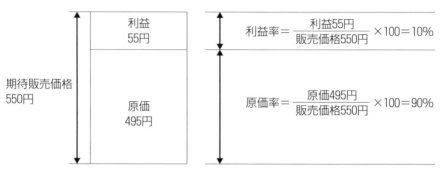

　価格設定のもう1つの考え方は，**市場ベースの価格設定**という考え方です。製品市場における需要と供給および消費者のニーズなどを考慮して価格を設定します。この方法では，原価と利益率をより適正に見積もることが重要になります。上のラーメン店を例にした場合，消費者は，味とサービスがほぼ同じ水準であれば，より値段が安いラーメン屋（競合他社）を選ぶからです。つまり，同種の製品より低い原価または利益率のもとに，より安く提供する競合他社が存在した場合，当社の売上高は減少することになります。かといって利益率を低く設定しすぎると，当然ながら利益は少なくなり，収益総額が原価総額を下回れば損失が生じてしまいます。経営者には市場の動向を見極め，適正な原価と利益率を設定するバランス感覚が求められます。

3　原価概念

　「異なる目的には異なる原価を」（J.M. Clark, Studies in the Economics of Overhead Cost, 1923, p.175）という有名なスローガンがあります。これが意味するのは，原価という概念は原価をどのような目的で使用するかによって，原価概念も異なるという意味です。ここではさまざまな原価概念を紹介します。

> ## Column ⑮　ダイナミックプライシングによって原価計算は不要になる?
>
> 　数年前から，AI（Artificial Intelligence，人工知能）を使った**ダイナミックプライシング（Dynamic Pricing）**が話題になっています。AIを使って需要を予測して，需要に応じた価格を自動で設定するというものです。旅行商品や航空機チケット，スポーツ試合の観戦チケットなど，AIが試合日程や天候などを分析して，人気のある日や天気がよい日は通常より高く，人気のない日や天候が悪い日は通常より安く価格を設定します。すでにANA(全日空)やユニバーサル・スタジオ・ジャパン（USJ）などで導入がはじまっています。
>
> 　では，AIが価格を設定してくれれば，原価計算システムはもう要らないのでしょうか。答えは「いいえ」です。AIが進化しても会計（原価計算を含めて）の役割はなくなりません。価格設定は原価計算の目的の一部にすぎません。原価計算の第一の目的は利益計算を裏付けることです。利益はさまざまな前提と解釈が含まれ，経済状況にも影響されて決定されるものです。科学技術の進化をとり入れながら経営のやり方も変化し，会計も同時に変化しますが，利益を計算するシステムとしての会計の意味も，そのプロセスの中での原価計算の意味もなくなることはありません。

(1)　製造原価の構成と原価発生のプロセス

　原価計算システムにおいて原価は特定の製品に資源が消費されてはじめて発生したとみなされます。言い換えれば，原価とは最初から存在するものではなく，原価計算というプロセスの中でどのように発生がみなされるかによります（**図表9-2**）。たとえば，材料（資源）を購入（調達）して代金を支払ったとしても原価の発生ではありません。材料を製造プロセスに投入し，材料の消費がはじまってから原価の発生とみなされます。この場合，通常，資源は費目別に材料費，労務費，経費として分類され，製品の製造プロセスにおいて消費された原価は**製造原価**とよばれます（図表9-4）。

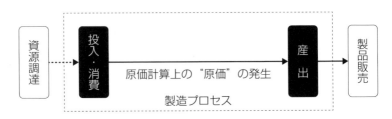

図表9-2 原価の発生

資源調達 ····▶ 投入・消費 ──────────▶ 産出 ──────▶ 製品販売

原価計算上の "原価" の発生

製造プロセス

(2) 製品原価と期間原価

　原価は財務諸表上の収益に対応させる目的から，製品原価と期間原価に分類できます。**製品原価**とは，製造過程で消費された製造原価（**図表9-3および9-4**）のうち，販売された原価を集計したものです。この製造原価は大きく**直接費**と**間接費**に区分されます（これらについては，次の節でくわしく説明します）。他方，製品の製造に消費された原価であるものの，個別の製品に直接関係づけができない原価は**期間原価**として集計されます。たとえば，販売費及び一般管理費があります。

　販売された製造原価（製品原価）は売上高と対応して，売上原価の構成要素として損益計算書に計上され，未販売分の製造原価は棚卸資産（在庫）として貸借対照表に計上されます。棚卸資産は次期に繰り越され，翌期以降に販売された時点で損益計算書に計上されることになります。他方，期間原価は全額が当該期間の費用として損益計算書に計上されます。

図表9-3 原価の構成

	営業利益		販売価格
	販売費・一般管理費	総原価	
製造原価	・直接/間接材料費 ・直接/間接労務費 ・直接/間接経費		

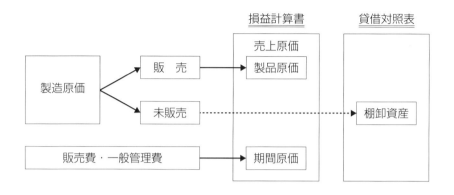

図表9-4　製品原価と期間原価

(3) 直接費と間接費

　原価は製品ごとの適正な原価計算の目的から，直接費と間接費に分けられます。たとえば，手袋を製造する場合，材料の綿と糸の消費による原価は手袋に関連して直接関連づけできます。手袋を分解すれば，製造に使用された材料が，綿と糸であることが直接確認できるからです。こうした材料は直接材料費といいます。また材料を裁断，縫製，染色するために従業員に賃金を支払った場合，時間当たりの人件費を手袋に直接関連づけることができるため，これを直接労務費といいます。各従業員のタイムカードを確認して，手袋の製造に何時間働いたか確認できるからです。これら直接費を製品の原価として関係づけることを**直課**（または**賦課**）といいます。

図表9-5　手袋製造にかかる直接費と間接費

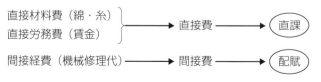

※この例では，1種類の手袋のみを製造していると想定します。

一方，機械の修理代など手袋の製造に直接関連づけできない経費もあります。こうした間接的な経費の場合，一定の割合でその原価を手袋に割り当てる必要があります。これを間接費の**配賦**といいます（**図表9-5**参照）。

　間接費を配賦する1つの方法は，製造にかかる操業時間に基づいて間接費を割り当てる方法です。たとえば，機械の修理に100,000円を支払い，機械を年間1,000時間稼働させた場合，[100,000円÷1,000時間＝100円／時間]となり，機械時間あたり100円として割り当てることができます。この100円／時間を**配賦率**といいます。

(4) 変動費と固定費

　原価は操業度との関係によって変動費と固定費に分類できます。**操業度**とは企業の生産・販売能力を一定としたときに，生産設備がどれくらい利用されたかをあらわすもので，生産量や直接作業時間などの尺度によって測定されます。

　変動費は，一般に，生産された製品はすべて販売されることを前提として，**図表9-6**のように売上高に伴う操業度の変化に直接比例して合計が変化する原価をいいます。9月の売上高を基準として，10月に10％の売上高増加があったとすれば，変動費総額もそれに伴って10％増加するものと想定します。

図表9-6　変動費の変化

	9月	10月	11月
注文数量（個）	100	110	75
販売単価（円）	100	100	100
売上高（円）	10,000	11,000	7,500
変動費（10円／個）	1,000	1,100	750

　逆に売上高の減少に伴い操業度が25％減少すると変動費も25％減少するものと想定します（**図表9-6**の9月を基準とした11月の場合）。メーカー

の直接材料費や卸売会社の売上原価，販売手数料，輸送費，運送会社のガソリン代などが変動費として分類される原価です。また，変動費は「製品単位当たりの原価が変わらない原価」と定義することもできます（**図表9－7**の右側のグラフを参照）。

　もう1つの数値例で考えてみましょう。たとえば，ある自転車メーカーが1万円の電動モーターを搭載したアシスト自転車を製造しているとしましょう。自転車1台を製造するたびにモーターが必ず1台必要ですから，原価の総額は1万円ずつ増加することが考えられます。

　図表9－7の左側のグラフが示すように変動費総額は生産台数（操業度）に比例して右肩上がりとなります。自転車を100台生産すれば，100万円（＝100台×1万円），200台を生産すれば，200万円（＝200台×1万円）という具合です。他方，1台という単位当たりの金額でみれば，何台生産しても1万円という金額に変化はありません（図表9－7の右側のグラフ）。

　一方，**固定費**とは，変動費とは違って，**図表9－8**のように売上高に伴う操業度の変化にかかわらず総額が変わらない原価をいいます。9月の売上高を基準として，10月に10％の売上高増加があって操業度もそれに伴って増加しますが，固定費総額は1,000円で変わりません。11月は9月基準で25％の売上高減少に伴って操業度も同様に減少しますが，固定費総額の

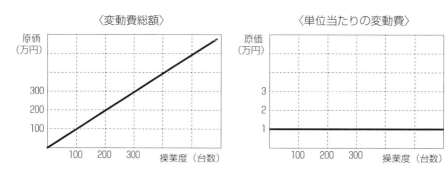

図表9－7 電動モーターの〈変動費総額〉と〈単位当たりの変動費〉

図表9-8　固定費の変化

	9月	10月	11月
注文数量（個）	100	110	75
販売単価（円）	100	100	100
売上高（円）	10,000	11,000	7,500
固定費（円）	1,000	1,000	1,000

変化はありません。固定費に分類される原価としては，たとえば，賃貸料，監督者の給与，固定資産税，保険料，建物や設備の減価償却費などがあります。これらの原価は生産台数が増えても減っても総額に変化はありません。また，常に一定の固定費を操業度（生産台数）で割ることになるので，変動費とは逆に「製品単位当たりの金額が変化する原価」として定義することもできます（**図表9-9**の右側のグラフ）。

　もう1つの数値例で考えてみましょう。たとえば，前述のメーカーで自転車製造機械を月額100万円のリースで借りていると仮定しましょう。この100万円のリース料は自転車の注文があってもなくても，リース会社に支払わなければならないので固定費に分類されます。図表9-9の左側のグラフが示しているように，「固定費総額」は操業度の変化に関わらず一定の100万円のままです。しかし，右側のグラフが示しているように，「単位当たりの固定費」は操業度が増加するにつれて減少します。自転車を

図表9-9　〈固定費総額〉と〈単位当たりの固定費〉

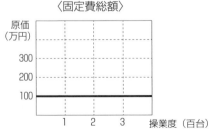

〈固定費総額〉

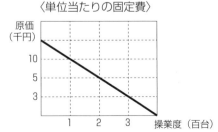

〈単位当たりの固定費〉

100台製造する場合，1台当たりの固定費は1万円（100万円÷100台）になります。200台を生産した場合，機械リース料の固定費は1台あたり5,000円（100万円÷200台）になります。

　以上，原価計算の基本を紹介しました。図書館＆書店には**原価計算**または**工業簿記**というタイトルの書籍がたくさんありますので，より深く学びたい皆さんはぜひ手に取って読んでみることをおすすめします。

Column ⑯　　　　　　　　　　　　　　　　　費用，原価，コスト

　原価という用語はさまざまなところで使われます。原価計算，管理会計だけでなく，財務会計でもよく登場します。そもそも原価という会計用語は英語の"cost"から来ていますが，日本語ではコスト，原価，費用とも訳されたりします。コストと費用は一般用語としてよく使われますが，専門用語として原価と費用を使用する場合は注意が必要です。会計においてコストに明確な定義はありませんが，原価と費用には明確な定義があり，厳密な区別が必要です。

　財務会計（商業簿記）において原価というと，売上原価や取得原価を例に挙げることができますが，原価計算における原価はそれとは異なります。財務会計では完成された製品を購入したときの金額が原価（仕入原価）であるのに対し，原価計算では製造プロセスで投入された製造原価の意味として使われます。その製造原価は製品が販売されると売上原価の構成要素として製品原価とされ，そのときにはじめて財務諸表上の費用（Expense）とみなされます。

　他方，商業企業においては，仕入原価は商品を購入した時点で直ちに費用となり，販売された時点で販売分に対応する仕入原価は売上原価になります。この点は原価計算と同じです。

　このように会計用語はそれぞれの場面（時点）において異なる意味を持ちますし，金額の計算方法も同じではありません。会計は現実の世界とは異なる独自のルールで用語の使い方や金額の計算方法が設定される世界だということを理解することが重要です。

9 - 1　次の［資料］に基づき，問に答えなさい。

［資料］

製造直接費　　　　　　1,500円

製造間接費　　　　　　2,000円

販売費及び一般管理費　1,000円

① 総 原 価 （　　　　　　）円

② 販売価格 （　　　　　　）円

※販売価格は総原価に対する2割増しの利益を加算した金額とする。

9 - 2　札幌工業の次の［資料］にもとづき，問いに答えなさい。なお，原価率は販売価格の80%とする。

［資料］

製造直接費　　　　　　5,000円

製造間接費　　　　　　9,000円

販売費及び一般管理費　2,000円

① 総 原 価 （　　　　　　　）円

② 利　　益 （　　　　　　　）円

③ 販売価格 （　　　　　　　）円

第10章
業績管理会計

〈学習のポイント〉

❶ 業績管理会計の役割を理解する。

❷ PDCA サイクルを理解する。

❸ 予算管理を理解する。

〈キーワード〉

財務会計　管理会計　PDCA サイクル　CVP 分析　予算管理

　第9章では利益計算における原価と原価計算の基本をとり上げましたが，本章では原価計算を前提としたうえで，経営活動の次元での会計について考えていきます。本章で明確に意識してほしいのは，会計情報なしに経営を行うのは難しいというより，不可能ということです。会計の最終結果である利益はルールに基づく数値であるため，経営活動に関係する数値が利益と無関係であることは不可能です。ルールそれ自体が明文化されている場合もあればそうではない場合もありますが，利益計算システムとしての会計を前提としない経営活動は現代社会では想定できないことを意識してください。本章の主たるテーマは業績管理会計ですが，森と木（会計の全体像と業績管理会計）の関係を理解することは重要ですので，まず企業会計の大分類について触れてから主たる内容に移ることにします。

1　財務会計と管理会計

　企業会計は大きく財務会計と管理会計に分類され（序章参照），管理会計はさらに業績管理会計（本章）と意思決定会計（次章）に分類されます（**図表10－1**を参照。業績管理会計の場合，業績評価会計ともよばれます）。

　財務会計は，ルールに基づいて，様式，計算方法，その他の諸規則が規定されています。それによって企業外部に公表（disclosure）されなければなりません。このことから外部報告会計ともよばれます。他方，管理会計は公表の義務がなく，企業内部の経営管理者（トップマネジメント≒取締役レベル，ミドルマネジメント≒中間管理者レベル，ロワーマネジメント≒現場管理者レベル）の業績管理に役立てることが主な目的であるため，内部報告会計ともよばれます。

　財務会計の外部報告の理由は社会に大きな影響を及ぼす会計情報が含まれているからであり，さまざまな利害関係者（投資家，債権者，課税当局など）にとって意思決定の根拠になるからです。その最も重要な情報が利益といえます。赤字（マイナスの利益）企業の場合，投資を誘致することはもちろん，金融機関からの融資も受けられなくなる可能性も生じます。したがって，企業の究極的な目標は黒字（プラスの利益）を達成することであり，経営活動はそれに向けて戦略的に行うことが求められます。こうした行為こそ，財務会計の重要な役割といえます。

　他方，管理会計は個別企業内部の経営管理者に必要な情報を提供することが主目的であるため，企業外部の利害関係者には直接的な影響がないことから，社会的な規制の対象ではありません。

　ところで，はたして企業は単によい製品を生産すれば，最高の利益が得られるのでしょうか。この答えは「必ずしもそうではありません」。なぜなら，現実の経営活動は確かに行われていますが，現代の企業経営における利益は，さまざまな前提や会計処理のもとで算出される数値であるから

です。だからこそ，利益がどのようなしくみのもとで算出される数値であるかを理解することは，戦略的な利益獲得につながります。図表10－1にみるように，利益は財務会計（外部報告会計）上の数値であることに注意しなければなりません。財務会計（外部報告会計）上のしくみからすれば，純資産を増加させるか，費用を減少させるか，収益を増加させることで利益は増加します。このしくみを十分に理解したうえで会計を戦略的に行うことは現代の企業にとって必須の経営行動だといえます。

　こうした側面からすれば，会計を学ぶ際には次のような視点が重要です。すなわち，会計を学ぶにあたって財務会計と管理会計を切り離して考えてはいけないということです。企業にとって財務会計の目標と管理会計の目標が個々別々にあるわけではありません。企業の経営活動そのものが日々の管理会計の実践であり，財務会計を通して最終的な目標である利益が社

図表10－1　**財務会計と管理会計の関係**

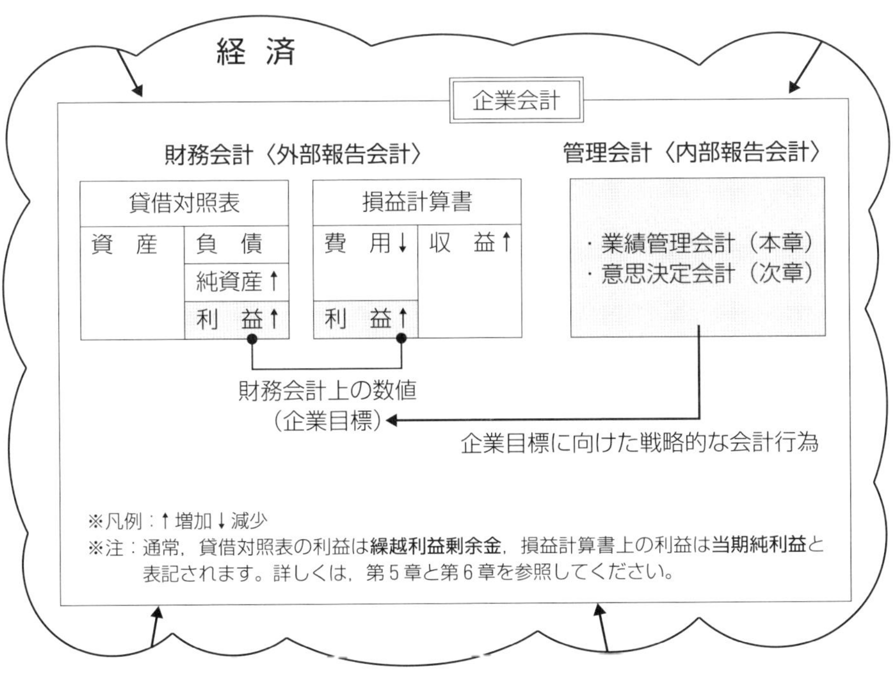

会的な形をして現れるにすぎません。つまり，財務会計に向けた管理会計
の働きなくして利益の獲得は難しいといわなければなりません。管理会計
が内部報告会計だという側面ばかりに惑わされないことが会計を学ぶうえ
で重要な視点です。

　また，図表10-1のように，経済の変化によって会計システムが影響を
受けることも念頭におかなければなりません。上でも述べているように，
会計はさまざまな前提や会計処理に基づくものであって，企業の経営活動
を純粋かつ正確に表示するものではありません。企業環境は経済の変化に
常に影響を受け，会計もそれに影響されて前提や会計処理も変更されたり，
新しい会計処理が設定されたりします。「会計は経営実態を映す鏡」だと
たとえられることもありますが，会計が映すのはあくまで現行の会計処理
に基づいた実態であって，「現在の会計によれば，経営実態は○○とみな
せる」という意味での実態であることに注意しなければなりません。

　以上の財務会計と管理会計の関係を理解したうえで，業績管理会計が日
常的な経営活動を支えながら特定の会計期間の業績を管理する側面につい
て考えていきましょう。業績管理会計は，1年間の計画を予算という形を
もって実行し，その結果を分析し，改善を行うという一連の流れのなかで
行われることになります。

2　計画と統制

　業績管理会計は，主として一定の会計期間（年次，四半期，月次，週次，
日次）における業績を計画し統制するための会計として，PDCA サイク
ルで理解することが重要です。企業経営の大きな流れは，**図表10-2**のよ
うに，「計画（PLAN）→ 実行（DO）→ 統制（CHECK）→ 改善行動
（ACTION）」からなります。こうした一連の流れを PDCA サイクルとよ
びます。

　計画（PLAN）とは1年を超えない特定の会計期間にかかる利益計画お

図表10-2　PDCA サイクル

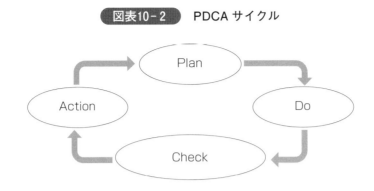

よび予算編成をいいます。企業はそれぞれのビジョンのもと，中長期の経営計画に基づいて，次年度の利益計画として予算を編成します。

編成された年次予算を実行し，日々の経営活動を行うのが**実行（Do）**の段階です。こうした経営活動は一定の期間ごとに当初計画した予算とその後の実績を比較しながら行われます。この予算実績比較の段階が**統制（Check）**に当たります。統制手段として予算実績差異分析等が行われます。最後に統制の結果を受けて**改善行動（Action）**が行われます。

このように業績管理会計においては，計画と統制という概念が中心を占めます。重要なのは，企業にとって計画とは利益を獲得するための事業計画を意味し，統制とは事業を行いながら，過去を振り返り，実際の経営結果を計画と比較分析し，もう一度将来を見据えて調整を図る利益獲得に向けた行為を意味するということです。

3　利益計画

原価（コスト）が発生し，それを賄うのに必要な売上高を満たさない場合は損失が発生します。損失が継続して発生すると，経営が厳しくなります。したがって経営者にとってどれだけ売れるかを予測し，それにはどれくらいの原価（コスト）がかかり，結果として利益がいくら生じるかを見

積もること（利益計画）は，重要な経営意思決定といえます。

　ここでの利益計画とは短期利益に関する計画のことを指し，経営者の予算編成方針として示されるものです。この方針を受けて，各部門は予算を編成します。ここでは短期利益計画にあたってよく使われる **CVP 分析**を用いて，利益計画について説明します。この分析手法はしばしば**損益分岐点分析**ともよばれます。

＜ CVP 分析＞

　CVP 分析とは，**原価（Cost）**を分析し，どれくらいの**売上高（Volume）**があれば**利益（Profit）**が得られるかという利益計画の手法をいいます。CVP 分析はあらゆる規模の企業に当てはめて行うことができます。ただし，CVP 分析の説明では，通常，生産されたものはすべて販売されることを仮定していることに注意してください。関連する内容として，第 9 章の第 3 節（4）の**変動費**と**固定費**をよく参考にしてください。

> **例題10－1**　札幌の大通公園でトウモロコシを販売するビジネスを考えてみましょう。新鮮なトウモロコシを農家から直接仕入れ，大通公園の一角に販売用のワゴンを設置して，美味しく茹でられた甘いトウモロコシを観光客に販売する場合を想定した CVP 分析です。はたして，このビジネスで利益を出すことはできるのでしょうか。

　このビジネスをはじめるにあたって最初に想定されるコスト（原価）は**図表10－3**のとおりです（説明をシンプルにするために，他のコストは考えないことにします）。まずは販売用ワゴンを購入し，市役所で販売許可を得なければなりません。その後，電気が使える場所を借りて，トウモロコシを仕入れて茹でれば準備完了です。トウモロコシの仕入値 1 本50円を除いた初期コストは153,000円かかることがわかりました。この金額は売上高とは関係なく発生しますので，**固定費**として分類します。

図表10-3　原価の内訳（スタートアップ時点）

変動費	固定費	
トウモロコシ　50円／本	販売用ワゴン	100,000円
	場所代	30,000円／月
	申請手数料	3,000円
	電気代	20,000円／月
50円／本		153,000円

また，トウモロコシ１本につき300円（売価）で販売することを決めました。そうすると，１本の売り上げにつき売上原価は50円で，単位当たり（＠）の売上総利益（粗利益ともいいます）は250円になります。

$$\boxed{\begin{array}{c}\text{@売上高}\\300円\end{array}}-\boxed{\begin{array}{c}\text{@売上原価}\\50円\end{array}}=\boxed{\begin{array}{c}\text{@売上総利益}\\250円\end{array}}$$

しかし，利益計画としては固定費を含めて，何本売れれば利益（儲け）が出るかを検討しなければなりません。そのためには，次のように最低目標として損益の分岐点を知る必要があります。

損益分岐点を知るためには，原価を変動費と固定費に分けて考えなければなりません。固定費はトウモロコシが全く売れなくても発生しますので，売上高がゼロの場合は，全額損失になってしまいます。したがって，まず損失回避の前提としては，固定費を賄うだけの売上高を予想する必要があ

図表10-4　損益分岐点売上高（スタートアップ時点）

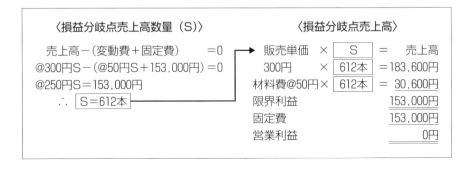

ります。よって，**図表10－4**のように仕入にかかるコスト（変動費）と開
業準備にかかるコスト（固定費）がトントンになる売上高金額を求めれば，
その金額が損益分岐点となり，損も益もゼロの状態となります。

　図表10－4は，損益分岐点売上高数量Ｓ（612本）を求め，そこから１本
あたりの販売単価300円を乗じて損益分岐点売上高を求めています。すな
わち，トウモロコシを612本販売できれば，固定費と変動費を賄える損益
の分岐点となります。25日販売することを想定すれば，１日に25本売れれ
ば，損は免れることが予測できますね。
　図表10－5は，損益分岐点図表を示しています。第９章でとり上げた変

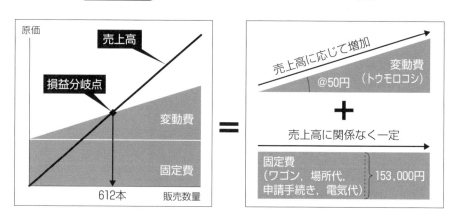

図表10－5　損益分岐点図表（スタートアップ時点）

図表10－6　損益シミュレーション

売上高数量	売上高	－	変動費	－	固定費	＝	利　益
0本	0円	－	0円	－	153,000円	＝	△153,000円
612本	183,600円	－	30,600円	－	153,000円	＝	0円
625本	187,500円	－	31,250円	－	153,000円	＝	3,250円

※△は損失を意味します。

動費と固定費に注目してください。固定費は売上高がゼロでも発生しますので，それをカバーし，さらに仕入コストも賄ってはじめて利益が発生します。その基準点（損益分岐点）が数でいうと612本であることを示しています。損益分岐点を超えた売上高はすべて利益となります。

　2か月目以降は，ワゴン購入代と申請手数料がかかりませんので固定費50,000円と販売に伴う仕入代金を差し引いた金額が利益になります。

図表10-7　原価の内訳（2か月目以降）

変動費		固定費	
トウモロコシ　50円／本		場所代	30,000円／月
		電気代	20,000円／月
	50円／本		50,000円／月

　2か月目以降の原価を図表10-4と同様の計算式で損益分岐点売上高数量Sを求めれば，200本売れれば，それ以上は利益が確保できることがわかります。**図表10-9**からは，損益分岐点が下がったことがみてとれると思います。その変化の大きな理由は固定費のレベルが下がったことにあります。このことから，他のビジネスにおいても固定費を下げることができれば利益確保がしやすくなることが予測できます。

　ビジネスにとって損益分岐点が重要な理由は，損益分岐点を超えるすべ

図表10-8　損益分岐点売上高（2か月目以降）

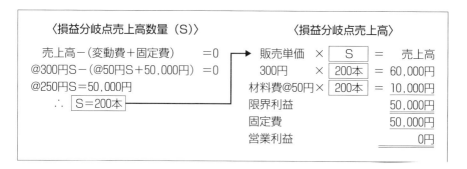

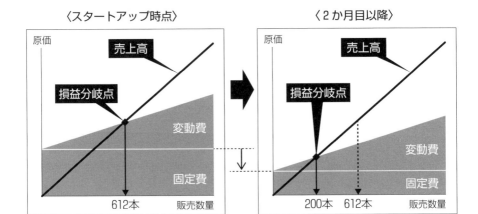

図表10-9　損益分岐点図表の比較

〈スタートアップ時点〉　　　　　　　　〈2か月目以降〉

図表10-10　損益シミュレーション

売上高数量	売上高	−	変動費	−	固定費	=	利　益
0本	0円	−	0円	−	50,000円	=	△50,000円
200本	60,000円	−	10,000円	−	50,000円	=	0円
625本	187,500円	−	31,250円	−	50,000円	=	106,250円

※△は損失を意味します。

ての売上高が利益を生み出すということを視覚的かつ金額でイメージできるからです。上の例でいえば，トウモロコシ販売の損益分岐点が2か月目以降は200本ですので，201本からはすべて利益になることがイメージできます。このように，損益分岐点がわかれば，利益予測ができ，それに向けたビジネス戦略も考えることができます。

4　予算管理

利益計画が終わったら，それに基づく具体的な経営行動計画が立てられ

ます。すなわち，予算を編成することができます。予算管理とは予算を編成して，統制するまでの活動をいいます。

　企業にとって，**予算**は事業計画を金額で表現したものであり，**計画**とは将来の費用と収益，現金の流入と流出を予測するものです。計画が実行されたあとに実際の結果（実績）と計画が比較されてその分析と改善が行われるので，予算は経営活動の出発でもあり，基準でもあり，目標でもあります。企業の予算編成では，中長期の経営計画に基づいて，各部署の業務方針を踏まえた行動計画または目標として予算が具体化されます。たとえば，営業部の販売目標としての販売数量や売上高目標が設定されます。製造部の原価低減目標として数値目標が設定されます。

(1)　予算体系と予算編成

　予算編成においても原価情報は欠かせません。例えば，トウモロコシ販売ビジネスの規模を拡大し，店舗で販売するようになった場合を想定してみましょう（**図表10-11**）。トウモロコシ商品も種類を増やし，アイスクリームの販売も加えることにしたら，それぞれの商品種類ごとに売上高を予測して予算を立てる必要があります。店舗の賃貸料と光熱費，そしてアイスクリーム機械をレンタルで借りる場合，そのレンタル料金も予算に含

図表10-11　月次損益予算計算書（商品別）

	茹で トウモロコシ	焼き トウモロコシ	アイス クリーム	合　計
販売単価（a）	300円	400円	300円	―
予算販売数（b）	500本	500本	500固	―
売上高予算（a×b）	150,000円	200,000円	150,000円	500,000円
仕入単価（c）	50円	50円	100円	―
仕入予算（b×c）	25,000円	25,000円	50,000円	100,000円
販売費予算				110,000円
営業利益				290,000円

めなければなりません。図表10－11の販売費予算は賃貸料（50,000円），光熱費（30,000円），アイスクリーム機械レンタル料金（30,000円）を販売費予算としてまとめて表示していますが，これらの費目が商品の種類ごとに直接関係づけられる場合は，それぞれの費目別に分けて表示する必要があります。このように商品別に予算が立てられれば，そこからビジネス全体の予算にまとめ，全体の利益を計算することができます。

　図表10－11には人件費や在庫は考慮されていません。規模が大きくなるにつれて，従業員を雇い，在庫を考慮した場合，時給の計算や在庫予想も加えなければなりません。さらに，日々の運転資金や投資資金も考慮に入れると，個人が運営するような小規模の商店ではなく，法人企業レベルの予算編成を考える必要があります。企業の経営組織の形態によって，予算の違いはありますが，**図表10－12**は企業レベルの一般的な予算体系を示しています。

　一般的な企業予算は，大きく損益予算と財務予算に分類されます。後者はさらに資金予算と資本予算に分類され，それをまとめたものを**総合予算**とよんでいます。損益予算は収益と費用に関する内容から構成され，売上

図表10－12　総合予算の体系

```
              ┌──────────────┐
              │   総合予算    │
              └──────────────┘
        ┌──────────┴──────────┐
  ┌──────────┐          ┌──────────┐
  │  損益予算  │          │  財務予算  │
  └──────────┘          └──────────┘
 ●売上高予算              ●資金予算
 ●製造予算
 ●販売費・一般管理費予算    ●資本予算
        ↓                      ↓
  ┌──────────────┐      ┌──────────────┐
  │ 予算損益計算書 │      │ 予算貸借対照表 │
  └──────────────┘      └──────────────┘
```

高予算とその売上原価を意味する製造予算，そして販売費・一般管理費予算が盛り込まれます。財務予算の1つである資金予算は現金予算ともよばれ，予算期間における現金収支の計画が盛り込まれます。もう1つの資本予算は設備投資予算ともよばれ，長期の設備投資資産の計画を示します。

(2)　予算統制

　トウモロコシ販売ビジネスをはじめてから2か月が経過しました。2か月目の利益が出る売上高の最低目標は187,500円でした（図表10-10を参照）。しかし，だれも将来のことを確実に予測することはできません。たとえば，天候不良によりトウモロコシの仕入値が高くなることもあれば，なんらかの要因により観光客が一時的に減少することも想定できます。

　さて，2か月目の売上高目標は達成できたのでしょうか。営業開始から2か月が経過した時点で売上高実績をもとに，予算との比較を行います。予算統制は，予算と実績を比較することを通じて，両者の変化を分析し，次の目標とすべき予算を算出することが目的です。

　図表10-13は予算と実績の損益計算書を比較したものです。営業利益が19,750円減少していることがわかります。このように利益の減少または増加という予算と実績の変化を**差異**といい，有利差異または不利差異と表現します。**有利差異**は利益に対して有利な変化（＝利益の増加）という意味で，**不利差異**は利益に対して不利な変化（＝利益の減少）という意味です。

図表10-13　予算実績比較損益計算書

(単位：円)

	予算損益計算書（A）			実績損益計算書（B）			差異（A-B）
	単価　数量		金額	単価　数量		金額	
売　上　高	@300 × 625	=	187,500	@290 × 650	=	188,500	1,000（有利）
売上原価	@50 × 625	=	31,250	@80 × 650	=	52,000	20,750（不利）
売上総利益			156,250			136,500	19,750（不利）
販　管　費			50,000			50,000	0
営　業　利　益			106,250			86,500	19,750（不利）

図表10-13の場合，目標としての予算営業利益は106,250円でしたが実績は86,500円だったので，目標営業利益を下回ってしまいました。よってこの金額の意味は不利差異です。では，なぜ不利差異になったのでしょうか。

営業利益は売上高から売上原価および販管費（販売費及び一般管理費の略）を差し引いて求めています。売上高は実績が予算を上回っているため，有利差異（1,000円）です。しかし売上原価は予算金額をオーバーしているため不利差異（20,750円）となっています。この例では，売上原価というコストが予想より多くかかったことを意味します。

それでは売上高と売上原価の差異をより細かく分析してみます。まず売上高差異を**図表10-14**のボックス図を使って分析します。このとき，販売価格差異と販売数量差異に分けて考えます。販売価格は予算価格@300円に対して，実績価格は10円を下げた@290円で販売したことから，**販売価格差異**は6,500円の不利差異となりました。ただし，予算数量より実績数量が25本多く売れたことから，**販売数量差異**は7,500円の有利差異となり，結果として売上高差異全体は1,000円の有利差異になりました。イメージ

図表10-14 売上高差異分析ボックスと計算公式

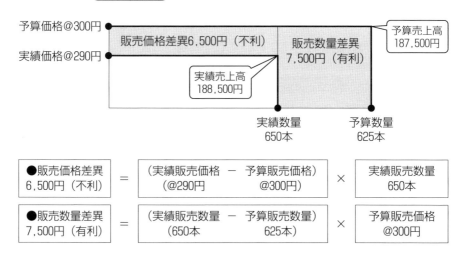

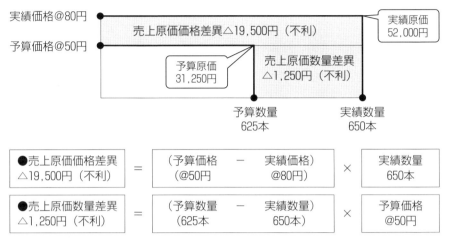

図表10-15　売上原価差異分析ボックスと計算公式

※△はマイナスを意味します。

として，販売価格を10円だけ値下げしましたが，店主も頑張って営業をしたという感じです。

　次に売上原価の差異分析を考えてみましょう。**図表10-15**は売上原価差異分析のボックス図と計算公式です。ここでも価格差異と数量差異で分けて分析します。価格差異は予算価格より実績価格が30円高くなっています。イメージとして，その理由は仕入価格の値上がりを考えることができます。図表10-13で販売単価を下げたのは，天候不良による仕入価格の値上がりにもかかわらず，単位当たりの利益減少を覚悟の上で少しでも多く売りたいという店長の思いだったのかもしれませんね。というのも売れ残ってしまっては廃棄による損失が発生するからです。企業の決算期が近づくと割引セールをよく見かけますが，商品の種類によっては販売シーズンをすぎてしまうと値段を下げて安く販売せざるを得ない場合もあります。

　このように予算実績差異分析により，営業利益に生じた変化を分析し，その原因を特定すれば，改善の可否を判断し，次の意思決定につなげることができるのです。

最後に，差異分析において2点だけ注意してほしい点があります。

① 売上高差異（図表10-14）は，実績が予算を上回る方が望ましいため，実績から予算を差し引くように計算式を設定し，［実績＞予算］で有利差異を求めます。売上原価差異（図表10-15）は，実績が予算を下回る方が望ましいため，予算から実績を差し引くように計算式を設定し，［予算＞実績］で有利差異を求めます。

② 価格差異は，価格の変化（予算価格と実績価格）に対して常に実績数量を使用します。これにより，価格の変化のみによる差異がわかります。数量差異は，数量の変化（予算数量と実績数量）に対して常に予算価格を使用します。これにより，数量の変化のみによる差異がわかります。

Column ⑰　　　　　　　　会計の学習に高度な数学能力は必要？

　会計を学ぶには高度な数学能力が必要だと思っていませんか。だから会計は難しい科目だと思っていませんか。それは誤解です。

　会計を学ぶにあたって必要なのは，基本的な計算能力と推論能力があれば十分です。足し算，引き算，掛け算，割り算ができれば，会計を学ぶにあたって必要な計算能力を持っていると思ってください。また，推論能力とは考える力だと思ってください。すなわち，本章でも事例をもって会計について考えてきましたが，会計はビジネスの結果としての利益をさまざまな情報をもとに，みんなが納得できるようにするツールです。会計の基本的な論点を学んだあとは，そこにある数字（金額）が何を伝えているかを理解し，目の前のデータをどのように解釈すればよいかを考え続けてください。そうすれば，推論能力は徐々に身につくようになります。数字（金額）の意味とその解釈によって，さらに奥深いビジネスの情報を理解できるようになります。

　会計情報はあたかも真実の情報のように思われることもありますが，そうではなくて会計の考え方を前提として構築された情報です。だからこそ，そのしくみがわかれば会計情報の作る側の思いとねらいもわかってくるかもしれません。
（出所：PETER SCOTT, INTRODUCTION TO MANAGEMENT ACCOUNTING, OXFORD UNIVERSITY PRESS, 2018, P.2）

◆ Training ◆

10-1 学園祭でアイスクリーム販売を計画している。[資料] に基づき，設問に答えなさい。

[資料]

(1) アイスクリーム予想販売数量200個，販売単価150円／個

(2) アイスクリーム1個当たりの原価

　　直接材料費（業務用アイスクリーム）　@80円（変動費）

　　直接労務費（人件費）　　　　　　　　@30円（変動費）

　　製造間接費（その他）　　　　　　　　@20円（変動費）

(3) 販売費及び一般管理費　　　　　　　　2,000円（固定費）

(4) その他の条件は考えないことにし，ヒントを参考にすること。

① 損益分岐点売上高数量と損益分岐点売上高を求めなさい。

　■損益分岐点売上高数量：（　　　　　　　　）個

　■損益分岐点売上高　　：（　　　　　　　　）円

＜ヒント＞

損益分岐点売上高数量（S）			損益分岐点売上高		
売上高 −（変動費＋固定費）＝ 0円			売上高	@150円 × S ＝	（　　　）
（　　）S −（［　　］S ＋　　）＝ 0円			変動費 @（　）円 × S ＝		（　　　）
（　　）S −（　　　）S ＝（　　　）円			限界利益 @（　）円 × S ＝		（　　　）
（　　）S ＝（　　　　）円			固定費（　　　　） ＝		（　　　）
S ＝（　　　）個			営業利益　　　　　 ＝		（　　　）

② 目標営業利益1,000円を達成する場合の売上高を求めなさい。

　■目標営業利益達成売上高数量：（　　　　　　　　）個

　■目標営業利益達成売上高　　：（　　　　　　　　）円

＜ヒント＞

目標営業利益達成売上高数量（S）	目標営業利益達成売上高
売上高−（変動費＋固定費）＝目標営業利益	売上高　@150円×S＝（　　　）
（　　）S−（［　　］S＋　　　）＝1,000円	変動費 @（　）円×S＝（　　　）
（　　）S−（　　　　）S＝1,000円	限界利益 @（　）円×S＝（　　　）
（　　）S＝（　　　　）円	固定費（　　　）　＝（　　　）
S＝（　　　）個	営業利益　　　　　　＝（　　　）

10−2　次の［資料1］と［資料2］に基づき，次月予算損益計算書を作成しなさい。

［資料1］来月より，トウモロコシ販売ビジネスの事業拡大を考えている。現在の茹でトウモロコシに，焼きトウモロコシとアイスクリームを加えることにした。販売単価は，茹でトウモロコシは現在の1本300円のままにして，焼きトウモロコシは焼くのに手間がかかるので100円増しの400円で販売することにし，アイスクリームは1個200円（仕入単価：100円，機械レンタル料金：30,000円／月）を考えている。さらに，電気代が10,000円高くなることも予想している。場所代は月30,000円のままとする。目標販売数量は，茹でトウモロコシ300本，焼きトウモロコシ300本，アイスクリーム200個である。

［資料2］

原価の内訳（当月）

変動費	固定費	
トウモロコシ　50円／本	場所代	30,000円／月
	電気代	20,000円／月
50円／本		50,000円／月

次月予算損益計算書（単位：円）

	茹で トウモロコシ	焼き トウモロコシ	アイス クリーム	合計
売　　上　　高				
売　上　原　価				
売上総利益				
販売費及び一般管理費				
営業利益				

意思決定会計

〈学習のポイント〉

❶ 経営上の意思決定における会計情報の貢献と限界について考える。

❷ 業務執行的意思決定と戦略的意思決定の違いを理解する。

❸ 例題と練習問題を通じて経営上の意思決定問題について実際に検討する。

〈キーワード〉

業務執行的意思決定　戦略的意思決定　回収期間法　機会原価　埋没原価

1　意思決定と会計情報

　企業が直面する経営上の意思決定問題に対して会計情報を用いて最適解を発見しようとする会計を特に**意思決定会計**といいます。意思決定会計は，第10章で学んだ業績管理会計とあわせて管理会計の主要な学問領域を構成しています。第11章では意思決定会計の基礎について学んでいきます。

(1)　意思決定って何？

　私たちの日常生活ではさまざまな選択肢が与えられていて，それらの中から１つを選ぶという場面が頻繁に訪れます。このプロセスを**意思決定**といいます。日常生活で直面する意思決定の例をあげれば，今日の昼食に大学の食堂で何を食べるか，休日に友達と映画を見に行くかあるいはカラオケに行くかというような日常的に発生する意思決定から，大学に進学するかあるいは専門学校に進学するか，転職するか現在の職場にとどまるか，

賃貸マンションに住むか一戸建てを建てて，そこに住むかというように人生に大きな影響を与える意思決定までさまざまです。日常生活で直面する大小さまざまな意思決定を繰り返してきた結果として，今日の私たちがあるといってもよいでしょう。

　企業も経営活動の中でさまざまな意思決定の場面に直面します。原材料の調達先をどの企業にするか，新入社員として誰を採用するのかという意思決定から，新設工場を国内に建設するかあるいは海外に建設するか，同業他社との合併や他企業の買収を行うかというような意思決定までさまざまです。

(2)　意思決定の判断基準

　今日の昼食に食堂で何を食べるかという意思決定について，意思決定を下す際の判断基準について考えてみましょう。値段はもとより，食べ物の好み，味，お腹の空き具合，列に並ぶ待ち時間，期間限定メニューの存在などのさまざまな要素を考慮に入れながら最終的に意思決定を下すことになります。ここで留意したいことは意思決定の判断基準は多様ですが，値段のような貨幣的情報は，判断基準の優先順位として相対的に上位に位置づけられることです。私たちが日常生活で直面する意思決定の問題では，最終的には何らかの形でお金が関係していて，それが意思決定に影響を与える度合いが大きいためです。

　続いて企業が経営活動の中で直面する意思決定について考えてみましょう。ここでは，海外進出を検討している企業が進出先としてどの国を選ぶかという例をとり上げます。このケースでの検討事項として，工場等の建設コスト，進出先で支払う人件費，生産した製品を販売する市場の存在，各種インフラ（道路，電気，水道等）の整備状況，治安，進出国の政治の安定など多様なものがあげられます。企業の意思決定の場合であってもやはり貨幣的情報は，判断基準の優先順位として相対的に上位に位置づけられます。すでに本書で学んできたように，企業経営の目的の1つは利益の

獲得です。したがって，企業が経営上の意思決定を下す際には，利益の獲得に貢献するかどうかということは当然重視されます。利益は収益と費用の差額であり，それ自体が会計情報ですから，企業が直面する意思決定ではお金だけではなく，会計情報が重視されるといってよいでしょう。

(3)　制約条件

　意思決定を下す場合には**制約条件**の存在を無視することはできません。たとえば，大学の食堂で何を食べるかという意思決定を想定してみましょう。この食堂にはかけそば250円，カレーライス300円，日替わり定食400円の3種類のメニューが存在しますが，現在の所持金が350円しかない場合には，日替わり定食を選ぶことはできません。このように，与えられた意思決定の選択肢の中から特定の選択肢を選ぶことを阻む制限事項を特に制約条件とよびます。上記の食堂の例であれば，所持金が制約条件になりますが，お金だけが制約条件とは限りません。たとえば，食堂の例だけで考えてみても，希望するメニューがすでに売り切れていて選べない，あるいは日替わり定食の中に自分が苦手な食べ物が入っているため日替わり定食を選べないなども意思決定の制約条件になり得ます。

　企業が直面する意思決定においても制約条件は当然存在します。資金面の制約に加えて，必要な労働力の確保，生産設備の能力，市場規模，希少な原材料の入手なども意思決定を下すうえでの制約条件としてあげられます。私たちに身近な例として，ファミリーレストランやファーストフードチェーンなどの外食産業では近年，24時間営業を中止する企業が目立っていますが，労働力の確保が制約条件となっているため24時間営業を行うという意思決定を選択できない状況にあるといえます。

　私たちの日常生活においても制約条件が全くない状態で意思決定を下すということは現実的にはほとんどなく，実際には程度の差はあれ何らかの制約条件が存在します。これは企業が直面する意思決定の場合も同様です。したがって，制約条件の範囲内で諸条件を考慮に入れながら最適な意思決

定を下すことになります。

⑷　企業が直面する意思決定のタイプ

　企業が経営活動の中で直面する意思決定には**業務執行的意思決定と戦略的意思決定**の２つのタイプがあります。意思決定会計では，これらの２つのタイプの意思決定について会計情報を活用しながら判断を下します。両者の違いをまとめたのが**図表11−1**です。

図表11−1　　業務執行的意思決定と戦略的意思決定

業務執行的意思決定		戦略的意思決定
限定的，局所的	意思決定の影響が及ぶ範囲	企業全体
小さい	意思決定が経営に及ぼす影響	大きい
短い	意思決定の検討対象となる期間	長い
原材料の調達先の選定	具体例	工場の新規建設

　業務執行的意思決定の例としてあげた原材料の調達先の選定とは，新たに使用する原材料をどの業者から購入するか，あるいは現在A社から購入している原材料の購入先をB社に切り替えるかなどの意思決定が該当します。これらの意思決定が及ぶ影響は原材料の調達部署やその材料を使用する部署に限られます。また，仮にこの意思決定に際して誤った判断を下してしまったとしてもそれが企業の倒産につながるような大きな問題になることは通常はないでしょう。

　一方で，戦略的意思決定の例としてあげた工場の新規建設とは，工場の立地はどこにするか，工場の規模はどの程度にするかなどの意思決定が該当します。工場の建設は巨額の資金を必要とする設備投資であることから，企業の財政状態に大きな影響を与えます。建設した工場の使い勝手や立地に問題がある場合には，生産性の低下や物流コストの上昇によって結果として企業経営にマイナスに働くことも十分に考えられます。また，工場は一度建設したら少なくても20〜30年間は使用することが一般的ですから，

建設コストだけではなく維持管理コストなども考慮に入れる必要があります。なぜならば，工場のような建物では建設コストよりも維持管理コストの負担が大きくなることが一般的だからです。それゆえに，工場の新規建設という意思決定は，原材料の調達先の選定と比べて，意思決定の結果が企業経営に与える影響が大きく，より慎重な判断が求められます。

2　業務執行的意思決定

　業務執行的意思決定が企業の経営上の意思決定においてどのような場面で活用されるかについて整理したうえで，数値を用いた具体例を検討していきます。なお，業務執行的意思決定について学ぶうえで，固定費と変動費，直接原価計算（特に限界利益）の知識が必要となりますが，これらについてはすでに第10章でとり上げていますのでここでは説明を割愛します。

(1)　業務執行的意思決定の活用場面

　業務執行的意思決定は企業においてつぎのような場面でよく利用されます。意思決定の選択肢ごとに発生が予想される収益・費用・利益を計算し，それらを比較しながら検討を進めるのが基本的なプロセスになります。

> ①　生産能力に余裕がある場合に新規注文を受注するか否かの意思決定
> ②　部品を自社で製造するか，他社から購入するかの意思決定
> ③　最適なセールスミックス（販売する製品種類の組み合わせ）の決定

(2)　業務執行的意思決定の具体例

　業務執行的意思決定の具体例として，生産能力に余力がある場合に新規注文を受注するか否かの意思決定について例題を通じて検討します。

> **例題11－1** A社は製品Mのみを生産・販売しています。11月24日に
> B社より製品Mの注文が新たに入ったので，この注文を引き受けるかど
> うか検討しています。資料で与えられた会計情報を参考にして，この注
> 文を受けるべきか否かを判断しましょう。
>
> ＜資料＞
> 1. A社では製品Mを月間12,000個生産することが可能であり，11月1
>   日の時点で11月中に製品Mを9,000個生産・販売する予定（B社から
>   の新規注文分は含みません）となっています。11月の原価データはつ
>   ぎのとおりです。
>   - 製造原価（変動費）　@50円×9,000個＝450,000円
>   - 製造原価（固定費）　　　　　　　　630,000円
>   - 販売費（変動費）　　@10円×9,000個＝ 90,000円
>   - 販売費（固定費）　　　　　　　　　 30,000円
>   - 一般管理費（固定費）　　　　　　　 72,000円
> 2. B社からの製品Mの新規注文数は2,000個であり，B社は製品Mを
>   1個当たり100円で購入したいと申し出ています。
> 3. この注文を引き受けたことにより11月1日時点で計画されていた製
>   品Mの生産計画（9,000個生産）に影響はでません。

　資料3より新規注文を受けたとしても既存の生産計画に影響を与えるこ
とはないとありますので，新規注文を引き受けることで追加的に発生する
売上高及び変動費と，その差額である限界利益を検討することで，新規注
文の引受けの可否を判断します。ここで，固定費は生産数量に関係なく一
定額が発生するため，新規注文を引き受けても追加的な固定費部分の発生
はないことに注意が必要です。なお，新規注文を断った場合には，売上高
と変動費はいずれも0円となります。

　① 注文を受けることで追加的に得られる売上高：

　　　　　@100円×2,000個＝200,000円

　② 注文を受けることで追加的に発生する変動費：

・製造原価の変動費部分：@50円×2,000個＝100,000円

・販売費の変動費部分　：@10円×2,000個＝20,000円

③　注文を受けることで追加的に得られる限界利益：

200,000円－（100,000円＋20,000円）＝80,000円

（答） 新規注文を引き受けることで，断った場合と比べて80,000円の限界利益が追加的に得られるので，新規注文を引き受けるべきです。

3　戦略的意思決定

戦略的意思決定は工場などの建物の新規建設，機械設備の新規導入または更新のように規模が大きい設備投資に対して適用されます。業務執行的意思決定同様に数値を用いた具体例について検討していきます。

(1)　戦略的意思決定で用いられるさまざまな手法と利用上の注意点

戦略的意思決定で採用される手法には**回収期間法**，内部利益率法，正味現在価値法などのいくつかの方法があります。また，同じ方法であっても貨幣の時間価値（詳細はコラム18を参照）を考慮するか否かで派生形が存在する場合もあるため，非常に多くのバリエーションがあります。

戦略的意思決定ではどの方法を採用するかによって最終的な結果が変わることがあります。たとえば，設備投資のA案とB案を比較する場合，回収期間法だとA案が有利と判定される一方で，内部利益率法ではB案が有利と判定されるようなことが起こり得ます。したがって，1つの方法から得られた結果だけで判断するのではなく，複数の方法から得られた結果をそれぞれ比較して総合的に比較することが重要です。

本書は会計学の入門書であり，かつ紙幅の制約もあることから，以下では最も基本的かつ計算が容易な回収期間法についてのみ学びます。

(2) 回収期間法

　回収期間法は下記の算式によって設備投資額をキャッシュ・インフローで割ることによって，設備投資額を回収するまでの年数（回収期間）を算出し，これが短いほどよい投資案であると評価する方法です。

$$回収期間＝\frac{設備投資額}{毎年のキャッシュ・インフロー}$$

　上記の算式において，分子は建物や機械などの取得原価を表し，分母は設備投資の効果によって得られる毎年の**キャッシュ・インフロー**（具体的には，設備投資によって生産効率が上がることでもたらされる売上高の増加及びコスト削減などに伴う現金流入額などを表します）の予想額を表します。なお，キャッシュ・インフローは具体的には，税引後当期純利益の発生予想額とタックス・シールド（本書は会計学の入門書であることをふまえて詳細な説明は割愛します）の合計額になります。

　回収期間法は計算方法が非常に簡単で理解もしやすいことから，実務では比較的多くの企業で採用されています。

(3) 回収期間法に基づく戦略的意思決定の具体例

　例題11－2　C社では新しい工作機械の導入を検討し，現在，2つの機械Pと機械Qが候補にあがっています。資料を参考にして回収期間法によって機械Pと機械Qのどちらを導入したほうが有利か判断してください。
　＜資料＞
　　○機械Pの取得原価……2,600万円
　　○機械Qの取得原価……2,070万円
　　●毎年のキャッシュ・インフロー（機械P）……520万円
　　●毎年のキャッシュ・インフロー（機械Q）……460万円

回収期間法の算式に当てはめて，機械Pと機械Qそれぞれの回収期間を算出するとつぎのようになります。

$$機械 P = \frac{2,600万円}{520万円} = 5 年 \qquad 機械 Q = \frac{2,070万円}{460万円} = 4.5年$$

（答）機械Qのほうが回収期間は短いため機械Qを導入したほうが有利です。

4　機会原価と埋没原価

意思決定会計によって意思決定を下す場合に重要な原価概念として，**機会原価**（opportunity cost）と**埋没原価**（sunk cost）があります。

⑴　機会原価

意思決定では複数の選択肢（これを特に代替案といいます）があり，代替案の中から通常は1つを選択します。この場合，選択されなかった代替案が必ず生じることになります。代替案を選択しなかった結果，失われた利益（これを「逸失利益」といいます）のうち，金額が最大のものを特に機会原価といいます。下記の例題11-3を考えてみましょう。

例題11-3　D社は新規事業への投資を検討し，3つの投資案 α，β，γ の中から1つを選択します。各投資案の収益・費用・利益はつぎのとおりです。ここで投資案 β が選択された場合の機会原価はいくらになるでしょうか。

	投資案 α	投資案 β	投資案 γ
収益	2,500万円	1,800万円	3,400万円
費用	2,000万円	1,200万円	3,100万円
利益	500万円	600万円	300万円

　3つの投資案の中で投資案βが選ばれた時点で，投資案αとγは選択されません。したがって，逸失利益は投資案αが500万円，投資案γが300万円です。このうち金額が最大となるのは投資案αの逸失利益500万円ですから機会原価は500万円となります。

(2)　埋没原価

　どの代替案を選択したとしても必ず発生する原価（費用）を**埋没原価**といいます。例題11－1において固定費732,000円（製造原価，販売費及び一般管理費の合計）は，B社からの新規注文を引き受けたとしても断ったとしても必ず発生するため埋没原価です。埋没原価は意思決定を考えるうえでは除外しても問題ありませんので，例題11－1の解答・解説では固定費を検討対象から除外し，新規注文を受けることで追加的に得られる売上高と変動費の差額である限界利益によって意思決定を行っています。

5　意思決定会計の限界点

　私たちの身近にある意思決定の例として，マンションを購入するケースを考えてみましょう。マンションを購入する場合，当然考慮する項目として購入価格があります。購入価格に応じて頭金やローンの支払計画を立てることになるため，購入価格はこの意思決定では非常に重要な情報です。しかしながら，購入価格だけでマンションを購入する人はいません。なぜならば，間取り，駅からの距離，駐車場の有無，周辺環境，外観などのように貨幣価値に変換できない要素も重要な判断要因となるからです。

　このことは企業の意思決定の場合においても同様です。例題11－1と11－2では会計情報に基づいて意思決定を下していますが，実際の企業では，会計情報だけで意思決定を下しているわけではありません。なぜならば，会計情報だけでは適切な意思決定を下すことはできないからです。この点に意思決定会計の限界点があるといえます。会計情報は意思決定の重要な

判断基準の１つであることに変わりはありませんが，会計情報以外の情報
も意思決定の判断基準として活用する必要があります。

　たとえば，例題11－２を考えてみると，工作機械を導入する場合，機械
の取得原価だけではなく，機械の性能も重要な判断基準となります。いく
ら取得原価が安いとしても必要とされている性能を満たしていなければ導
入する意味がありません。また，アフターサービスの充実度やメンテナン
ス（維持管理）のしやすさなども機械を導入する際に検討すべき項目とい
えるでしょう。意思決定において会計情報が重要な役割を果たすことを念
頭に置きつつも，会計情報以外のさまざまな情報も考慮しながら，総合的
な判断として意思決定を下していくことが不可欠です。

Column ⑱　　　　　　　　貨幣の時間価値と戦略的意思決定

　もし，あなたが誰かから10,000円もらうことができるとして，つぎのいずれか
のプランを選択できるとしたらどちらを選ぶでしょうか。
　　プランＡ：今日10,000円もらう
　　プランＢ：１年後に10,000円もらう
　この問題を経済学的な観点から考えると，正しいのはプランＡになります。今
日10,000円をもらって銀行に預金して，利率が年0.01%だとすれば，１年後には
利子がついて約10,001円になるため，１年後に10,000円もらうよりも１円だけ価
値が増殖するというのがその根拠です。
　銀行預金などの形で資金を運用した結果，時間の経過とともに価値が増殖した
部分（上記の例であれば利子の１円）を特に**貨幣の時間価値**とよびます。貨幣の
時間価値は戦略的意思決定において設備投資の意思決定を行う場合，特にキャッ
シュ・インフローの評価で重要な意味を持ちます。すなわち，１年後のキャッ
シュ・インフロー200万円と，３年後のキャッシュ・インフロー200万円は貨幣の
時間価値が働くため同額ではないのです。
　したがって，戦略的意思決定においてキャッシュ・インフローを厳密に評価し
ようとすれば貨幣の時間価値を考慮することが不可欠であり，実際には将来の
キャッシュ・インフローを現在価値に修正する（割り引くといいます）手続が必
要になります。

11-1 E社は製品Xのみを生産・販売する。12月29日にF社より製品Xの新規注文が入った。［資料］に基づき，この注文を受けるべきか否かを判断しなさい。

［資料］

1. E社では製品Xを月間500個生産することが可能であり，12月1日の時点で12月中に製品Xを400個生産・販売する予定となっている。12月の原価データはつぎのとおりである。

	変動費	固定費	合計
製造原価	@40×400個＝16,000円	18,000円	34,000円
販売費	@10×400個＝ 4,000円	1,000円	5,000円
一般管理費	なし	1,000円	1,000円

2. F社からの製品Xの追加注文数は100個であり，F社は追加生産された製品Xを1個当たり50円で購入することを希望している。

3. 製品Xの変動販売費（1個当たり10円）に含まれる製品配送料金（1個当たり5円）はF社が自ら負担することになった。

4. この注文を引き受けたことにより12月1日時点で計画されていた製品Xの生産計画（400個生産）に影響はでない。

11-2 G社では新しい工作機械の導入を検討し，現在，2つの機械Vと機械Wが候補にあがっている。下記の表を参考にして回収期間法によって機械Vと機械Wのどちらを導入したほうが有利か判断しなさい。

	機械V	機械W
取得原価	2,266万円	1,634万円
毎年のキャッシュ・インフロー	515万円	344万円

第12章　税務会計

〈学習のポイント〉

❶ さまざまな税金について理解する。

❷ 企業会計と税務会計の目的の違いと関係について理解する。

❸ 法人税の計算と申告について理解する。

〈キーワード〉

税金の種類　課税所得　税務調整　法人税　消費税

1　税金とは？

　道路や橋，河川や堤防の建設，港湾や空港など私たちの生活の基盤となる社会インフラや，病院や学校，公園，上下水道やごみ処理施設など生活の質を向上させる施設を社会資本といい，豊かで快適な生活のためには社会資本の整備が不可欠です。また，年金や医療などの社会保障，治安を守る警察や消防，防衛，介護や福祉などは，私たちが安心して生活するために誰もが必要な公共サービスです。こうした社会資本の整備や公共サービスの提供には多くの費用が必要であり，誰にでも平等に一定水準のサービスを提供するためには，個人や特定の企業だけでそのサービスを担うことは難しいため，国や地方公共団体（都道府県や市町村）がこの公的なサービスを担っています。そして，その費用は，社会の構成員が納める税を財源として提供されています。つまり税金は，社会を構成するすべての人，組織が互いに支え合い，よりよい社会を作っていくため，公共サービスの

費用を等しく分かち合うための「社会の会費」なのです。また，税金は所得をできるだけ公平にするため，所得や資産を再分配する役割を担い，経済を安定させるための景気対策といった政府の財政政策にも使われます。

　税金は租税ともいい，税金を納めることを納税といいます。日本国憲法第30条には「国民は，法律の定めるところにより，納税の義務を負ふ。」と定められています。そして，第84条において「あらたに租税を課し，又は現行の租税を変更するには，法律又は法律の定める条件によることを必要とする。」として，租税を徴収する場合には，必ず法律に基づかなければならないとしています（租税法律主義）。また，日本国憲法はすべての国民は法の下において平等であることを規定しているため，租税においても公平に負担するべき（租税公平主義）と考えられます。つまり，豊かな社会を維持，管理していく共通経費である税金を，国民に公平にどのように割り振りするかが重要なポイントなのです。

2　税金の分類とその種類

　税金には多くの種類があり，次のようないくつかの分類方法があります。

(1)　誰が課税するのか（どこに納めるのか）―国税と地方税―

　国が課税主体であり，国に納める税金を**国税**といい，地方公共団体が課税主体であり，地方公共団体に納める税金を**地方税**といいます。さらに，地方税は都道府県が課税主体である都道府県民税と市町村が課税主体である市町村民税（東京23区では特別区民税とよぶ）とに分けられます。徴収された税金は基本的に，国税であれば国の財源に，地方税であれば地方公共団体の財源となります。それぞれは別々の税金であり，納付先が異なります。たとえば，会社勤めをすれば毎月会社から給料が支払われますが，給与額から国税である所得税と地方税である住民税などが引かれて支給されることになります。

⑵　誰が負担して納付するのか―直接税と間接税―

　税金を実際に負担する人を担税者，税金を納める義務のある人を**納税義務者**といいます。税金の実質的な負担者である担税者と税金を納める義務を負う納税義務者が一致する税金を**直接税**，担税者と納税義務者が異なる税金を**間接税**といいます。直接税である所得税は個人の所得にかかる税金であり，会社で給料をもらっている人や個人で商売をして利益を得ている人が税を負担し，支払う義務も負います。一方，間接税である消費税を支払うのは商品やサービスを購入した消費者ですが，納税するのは商品やサービスを提供した事業者となります。

図表12-1　税金の種類と分類

	国税	地方税
所得課税	●所得税　　●法人税 ●森林環境税　など	●住民税 ●事業税
消費課税	●消費税　　●酒税 ●たばこ税　●揮発油税 ●自動車重量税 ●関税　など	●地方消費税 ●地方たばこ税 ●ゴルフ場利用税 ●自動車税　など
資産課税等	●相続税・贈与税 ●登録免許税 ●印紙税	●不動産取得税 ●固定資産税 ●事業所税　など

⑶　何に課税されるのか―所得課税・消費課税・資産課税等―

　所得や利益などの儲けに対する課税を**所得課税**といい，個人の所得に課される所得税や法人の所得に課される法人税などがあります。また，物を購入したり，サービスを受けたり，財やサービスの消費に着目して課税される税を**消費課税**といい，消費税や酒税，自動車税などがあります。さらに，土地や建物などの資産を取得したり保有したりしている場合，その資産等に対して課税される税を**資産課税**といいます。資産課税には，相続税

や贈与税，固定資産税などがあります。

3　企業の税金

　経済活動の主体であり，地域や社会の構成員の1つである企業も納税の義務を負います。企業が支払う税金も，国が定めた法律や地方公共団体が定める条例にもとづいて課税されます。企業が負担する代表的な税金は，法人税，住民税，事業税です。なお，これらの税金は，法人である企業が負担し，納税の義務も負う直接税です。この他にも財やサービスの販売，提供にともなう消費税，固定資産を保有していれば固定資産税を支払う必要があります。

　法人税は企業の儲け（税法上は所得といいます）に課される国税です。企業は決算期ごとにその期間の儲けをもとにして，みずから税額を計算し，申告して納付します。

　住民税や事業税は地方税にあたります。企業は事業活動を行うため，地域のさまざまな公共サービスを利用しています。たとえば，商品を配達するためには整備された道路を通りますし，店舗を営業するために上下水道を利用します。また，店舗や事業所の治安や安全を守るためには，警察や消防の助けも必要となります。こうした，地方公共団体が提供する公共サービスにおける経費の一部を負担する意味合いの税金が住民税と事業税です。法人が負担する住民税は，個人と同様に，地域社会の一構成員である法人に対して，地域社会の費用の一部を課す税金であるのに対し，事業税は，企業が行う事業に対して課される税金です。企業が事業活動を行うにあたって，地域の各種公共サービスの提供を受けることから，事業そのものがその経費の一部を負担すべきである，という考えにもとづき課税されます。そして，その事業を行うのは法人である企業であるため，企業が納税する義務を負うのです。また，住民税は所在地の都道府県と市区町村にそれぞれ納めるのに対し，事業税は企業の所在地である都道府県にのみ

納めます。

4　法人税の計算

　法人税を計算するためには，会社の儲けを算出する必要があります。この税法上の企業の儲けは所得といい，企業会計における利益額とは必ずしも一致しません。それは，投資家等への情報提供を目的に，会計期間（事業年度）における財政状態や経営成績を正しく把握し，企業活動における純粋な利益を計算しようとする企業会計に対し，税金計算のために行う税務会計の目的は，公平に課税するための所得額を算出することにあるからです。なお，課税計算のもととなる所得は，企業会計の利益にもとづいて算出されます。

(1)　企業会計の利益と税務会計の所得の違い

　企業会計において，企業の活動は複式簿記によって記録され，貸借対照表と損益計算書が作成されます。損益計算書では期間損益が計算され，会計期間の利益が把握されます。税務会計では，企業会計で算出された利益をもとに，法人税法上の規定に従って修正あるいは調整することよって，税金を算出するもととなる所得を計算します。この税金を計算するもととなる企業の儲けのことを課税所得といい，法人税額は課税所得をもとに計算されます。

　課税所得は売上などの益金の額から，商品の原価などの損金の額を引いて算出されます。益金とは，商品やサービスの販売による売上収入や，土地や建物の売却収入などで，企業会計における収益にあたるものです。また損金とは，売上原価や販売費，災害等による損失など費用や損失にあたるものです。

　もし，企業会計上の収益と費用が，税務会計上の益金と損金とほぼ近いものであるならば，課税所得の算出には特別な手続や計算は必要ないよう

にも思えます。法人税法においても「一般に公正妥当と認められる会計処理基準」に従って計算されていれば，これを認めるとしているからです。しかし，企業会計で算出した利益は法人税法の規定に従って計算された利益ではないため，収益と費用は益金と損金とは必ずしも一致しません。そのため企業会計で算出された利益をもとに，税法上の規定に従って益金や損金を加算または減算して課税所得を計算していきます。この調整の手続を**税務調整**といいます。

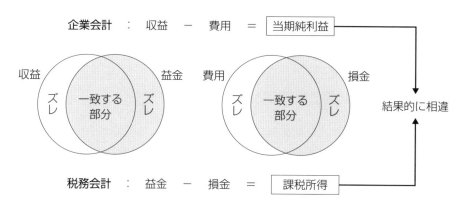

図表12-2 利益と課税所得の関係

ここで，課税所得を算出するもととなる企業会計の利益は，会社法の規定にもとづいて作成された財務諸表にもとづいており，株主総会で承認された決算利益が用いられます。決算上の確定した利益をもとに，一定の調整を行って課税所得を算出しようとする考え方を**確定決算主義**または**確定決算基準**といいます。

(2) 課税所得の計算と法人税額の算出

税務会計は公平な税の負担や課税の実現を目的とするものであり，適正な税負担額を算出するために，そのもととなる課税所得を計算するものです。前述したように，適正な期間損益を計算しようとする企業会計におけ

る利益と課税所得とは一致しないため，税務調整を行います。

　たとえば，取引先や仕入先との飲食接待費用である「交際費」は，企業会計上は費用となりますが，税法上は一定額以上の金額を損金に入れることは認められていません。税務調整では，次のような課税所得に加算するもの（加算調整）と減算するもの（減算調整）を記載して計算していきます。

---

　①　収益ではあるが，益金ではないもの（益金不算入項目）
　②　収益ではないが，益金となるもの（益金算入項目）
　③　費用ではあるが，損金ではないもの（損金不算入項目）
　④　費用ではないが，損金となるもの（損金算入項目）

図表12-3　　収益・費用と益金・損金の関係

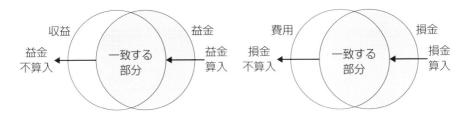

(3)　法人税率と法人税額の計算

　法人税額は，法人の各事業年度における所得金額（課税所得）に一定の税率（法人税率）を掛け算して算出します。

法人税額＝課税所得×法人税率

　法人税率は会社の規模（資本金額）と所得金額によって変わります。2022年4月1日以後開始の事業年度の事業所に対する法人税率は図表12-5のとおりです。なお，税率はさまざまな事情から変更されることがあるため，実際に納税額を計算するときには，国税庁のホームページなどで最

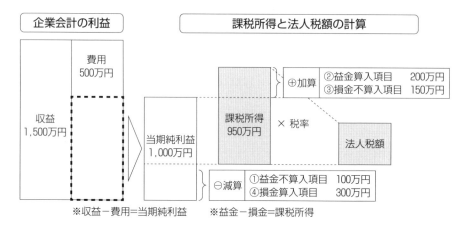

図表12-4　税務調整と法人税の算出

（出典）財務省HP『法人課税に関する基本的な資料』，
https://www.mof.go.jp/tax_policy/summary/corporation/c01.htm, を参考に加筆

図表12-5　企業（普通法人）の法人税率

資本金額	所得金額	税率
1億円以下の法人 （中小企業）	年800万円以下の部分	15%
	年800万円超の部分	23.2%
上記以外の普通法人		23.2%

新の税率を確認する必要があります。

　資本金1億円以下の中小企業においては，税負担の軽減を目的に2段階の税率が適用されています。法人税の基本税率は23.2%ですが，中小企業では，年間の所得総額のうち800万円以下の部分については15%，800万円を超える部分については23.2%の税率が適用されます。

　たとえば，資本金2,000万円の企業で，年間の課税所得が1,500万円である企業の法人税額は次のように計算されます。

①　年800万円以下部分の所得金額についての法人税額

　　8,000,000円 × 15% = 1,200,000円

②　年800万円を超える部分の所得金額についての法人税額

(15,000,000円 － 8,000,000円) × 23.2% ＝ 1,624,000円

以上より，法人税額は①と②の合計額2,824,000円となります。

5　法人税の申告と納付

　国の税金は，納税者が自ら税務署へ申告を行うことで税額が確定し，その確定した税額を自ら納付することになっています。これを申告納税制度といい，法人税はこの申告納税制度の対象となる税金です。また，1年間の所得から，納める税額を計算して税務署に申告する一連の手続を**確定申告**といいます。申告納税制度では，申告すべき対象者が自ら申告をしなかったり，申告期限を過ぎてから申告したりすると「加算税」や「延滞税」が課される場合があるため，申告時期に留意して対処する必要があります。

　企業が法人税の納付額を申告するためには，まず，企業自身が自社の所得を把握しておく必要があります。会社法上の会社は，任意の期間を区切って決算を行い，財政状態と経営成績を把握します。会社法においても，法人税法においても，この任意の期間を計算期間といいますが，法人税法では，計算期間の最長期間を1年以内と定めています。また，企業の課税所得は決算利益をもとに算出するため，実務の都合上，多くの企業は1年間を計算期間として会社の利益を計算していきます。

　税金を算出する1年以内の計算期間を**事業年度**といいますが，前述の理由から事業年度は損益計算を行う会計期間と同じになることが一般的です。そして，事業年度は1年以内の期間であれば自由に設定することが可能なため，決算を行う時期や確定申告を行う時期は企業によって異なります。なお，会社を設立する際には，通常，事業年度を定款に記載します。

　企業は事業年度が終了した後に決算を行い，株主総会等の承認を受けて，その承認を受けた決算（確定決算）をもとに申告書を作成します。この申

告書は，所得税の申告書と同様に確定申告書といい，事業年度終了の日の翌日から2カ月以内に所轄の税務署に提出しなければなりません。もし，確定申告により納付すべき税額がある場合には，確定申告書の提出期限までにその税額を納付する必要があります。法人税額は，企業会計における利益から法人税法の規定による税務調整を行い，課税所得を算出することで計算されるため，確定申告書の提出の際には，貸借対照表と損益計算書に加えて，益金や損金の計算過程を示した明細書を添付します。

6　消費税の申告と納付

消費税は，モノやサービスを消費した時に課される税金です。原則として，すべてのモノやサービスの国内における販売や提供などが課税の対象となるため，消費税の実質負担は，モノやサービスを購入した消費者となります。事業者は，消費者が負担する消費税を預かって納付する納税義務

Column ⑲　　　　　　　　　　　　　　　　法人税の中間申告

　中間申告とは，事業年度の中間点でその年度の税額の一部を納税する手続です。事業年度の決算が確定する前に，納税額の一部を先に前払いしておき，決算が確定して納税額が決定したのち，前払いした額の不足分を支払います。もし，中間納付で払いすぎていた場合には，支払額の一部が還付されます。
　中間申告の目的は，納税者の納税負担を軽減するためです。確定申告時に多額の法人税の支払が必要になれば，企業にとっては大きな負担となります。企業の資金繰りの見通しを立てやすくするとともに，支払いできずに納税されないことを防ぐため，一定の条件を満たす企業においては，一度に納税するのではなく，事業年度の途中で申告し納税することが定められています。中間申告の対象となる企業は，事業年度が6カ月を超える法人で，かつ「（前事業年度の法人税額）÷（前事業年度の月数）×6カ月」で計算した金額が10万円を超える企業が対象となります。

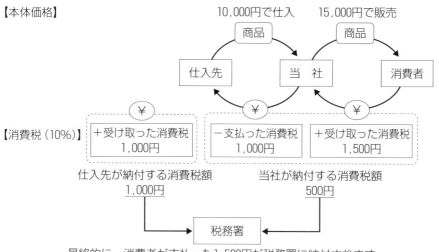

図表12-6　消費税の仕組み

【本体価格】

10,000円で仕入　　15,000円で販売

仕入先　　当　社　　消費者

【消費税（10%）】

＋受け取った消費税
1,000円

－支払った消費税
1,000円

＋受け取った消費税
1,500円

仕入先が納付する消費税額
1,000円

当社が納付する消費税額
500円

税務署

最終的に、消費者が支払った1,500円が税務署に納付されます。

者であり，売上を得た際に消費者から受け取った税額（課税売上にかかる消費税額）から，仕入等の際に支払った税額（課税仕入等にかかる消費税額）を控除して，その差額を納付します。

　なお，2023年の10月1日以降の取引について，こうした消費税の仕入税額控除の適用を受けるためには，一定の事項を記載した帳簿と適格請求書（インボイス）等の保存が必要となります。適格請求書とは，「売手が買手に対し正確な適用税率や消費税額等を伝えるための手段」であり，請求書発行事業者の登録番号や適用税率などの事項が記載された請求書です。また，適格請求書を交付できるのは，所轄の税務署に適格請求書発行事業者として申請し，登録を受けた事業者のみとなります。

　原則，事業を営む法人や個人は消費税を納付する必要があり，消費税を納付する義務がある法人や個人事業主は課税事業者です。ただし，基準期間（個人事業者は前々年，法人は原則前々事業年度）や特定期間（個人事業者の場合は前年の1月から6月まで，法人の場合は原則前年度の期首から6カ月

の期間）と言われる判定期間の課税売上高の金額によっては，納税の義務が免除されます。消費税の納税免除の対象となる事業者であっても，適格請求書発行事業者となる場合には，消費税の納税義務は免除されないため，課税事業者として消費税の申告が必要になります。

　課税事業者は，事業年度終了の日の翌日から２カ月以内に，所轄の税務署に消費税の確定申告書を提出するとともに，その税金を納税しなければなりません。もし，売上の際に受け取った消費税額よりも，仕入等で支払った消費税額が多い場合には，消費税の還付申告に関する明細書を添付して申告することで，支払った差額の消費税額が還付されます。また，直前の課税期間の確定消費税額が48万円を超える事業者は，中間申告と納税が必要となります。なお，消費税の中間申告と納付は，法人税の場合と異なり，直前の課税期間に申告した消費税額に応じて，申告回数や納付回数が決められています。

◆ Training ◆

12－1　次の文章の空欄に適切な語句を入れなさい。

1. 法人税法上の各課税年度の所得は（①）といい，売上収入など企業会計の収益にあたる（②）から，売上原価や災害等の損失など費用や損失にあたる（③）を引いて求められる。

2. 企業会計の決算上の確定した利益をもとに，一定の調整を行って課税所得を算出しようとする考え方を（④）主義という。

3. 会計上の収益ではないが，法人税法上の益金となるものを算入することを（⑤），会計上の費用や損失ではあるが，法人税法上の損金に算入しないことを（⑥）といい，どちらも会計上の利益に（⑦）する。

12－2　次の［資料］は国内の普通法人であるA社に関する資料である。［資料］にもとづいて，課税所得を計算しなさい。

［資料］

1. 株主総会で承認を受けた確定決算にもとづく当期純利益　1,500,000円
2. 引当金等の損金不算入額　290,000円
3. 受取配当金等の益金不算入額　130,000円
4. 固定資産や有価証券の譲渡等の益金算入額　110,000円
5. 役員報酬等の損金算入額　350,000円

12－3　2022年4月1日以後に事業を開始したB社の資本金は30,000,000円であり，当期の事業年度の課税所得金額が25,000,000円であった。B社の当期の法人税額を計算しなさい。

資料■ビックカメラの貸借対照表と損益計算書（単体）

（出所：有価証券報告書より抜粋）

【貸借対照表】

（単位：百万円）

	前事業年度 （2022年8月31日）	当事業年度 （2023年8月31日）
資産の部		
流動資産		
現金及び預金	39,362	27,364
売掛金	※1 18,179	※1 18,976
商品	53,698	56,522
貯蔵品	127	119
前渡金	135	111
前払費用	4,218	4,445
未収入金	※1 20,859	※1 19,174
その他	※1 10,272	※1 12,433
貸倒引当金	△4	△4
流動資産合計	146,850	139,143
固定資産		
有形固定資産		
建物	13,905	12,617
構築物	157	121
機械及び装置	208	173
車両運搬具	4	1
工具、器具及び備品	3,880	2,957
土地	33,400	33,400
リース資産	574	361
建設仮勘定	181	19
有形固定資産合計	52,313	49,654
無形固定資産		
借地権	11,028	11,028
商標権	4	3
ソフトウエア	9,651	7,344
リース資産	837	—
その他	86	4,736
無形固定資産合計	21,608	23,112
投資その他の資産		
投資有価証券	10,259	13,652
関係会社株式	25,464	25,384
出資金	341	341
関係会社出資金	3	3
関係会社長期貸付金	8,207	11,862
長期前払費用	2,863	2,755
繰延税金資産	15,415	13,435
差入保証金	※1 29,314	※1 25,704
その他	75	270
貸倒引当金	△123	△4,012
投資その他の資産合計	91,822	89,397
固定資産合計	165,744	162,164
資産合計	312,594	301,307

(単位：百万円)

	前事業年度 （2022年8月31日）	当事業年度 （2023年8月31日）
負債の部		
流動負債		
買掛金	※1 37,110	※1 33,207
短期借入金	※1,※2 64,516	※1,※2 77,140
1年内返済予定の長期借入金	※1 17,892	※1 15,918
リース債務	308	184
未払金	※1 8,145	※1 8,723
未払費用	3,282	5,134
未払法人税等	—	582
未払消費税等	329	—
契約負債	25,557	23,061
預り金	※1 1,441	※1 1,840
前受収益	176	189
賞与引当金	1,856	2,042
店舗閉鎖損失引当金	336	87
資産除去債務	438	274
その他	763	802
流動負債合計	162,157	169,189
固定負債		
長期借入金	34,725	18,825
関係会社長期借入金	18	—
リース債務	312	209
退職給付引当金	15,224	16,514
店舗閉鎖損失引当金	183	98
関係会社事業損失引当金	54	47
資産除去債務	5,408	5,291
契約負債	5,729	5,584
その他	※1 2,194	2,384
固定負債合計	63,851	48,957
負債合計	226,008	218,146
純資産の部		
株主資本		
資本金	25,929	25,929
資本剰余金		
資本準備金	27,019	27,019
その他資本剰余金	57	58
資本剰余金合計	27,076	27,078
利益剰余金		
利益準備金	27	27
その他利益剰余金		
別途積立金	8,760	8,760
繰越利益剰余金	45,010	38,138
利益剰余金合計	53,797	46,926
自己株式	△21,693	△21,684
株主資本合計	85,110	78,249
評価・換算差額等		
その他有価証券評価差額金	1,425	4,861
評価・換算差額等合計	1,425	4,861
新株予約権	50	49
純資産合計	86,586	83,161
負債純資産合計	312,594	301,307

【損益計算書】

（単位：百万円）

	前事業年度 （自　2021年9月1日 　至　2022年8月31日）	当事業年度 （自　2022年9月1日 　至　2023年8月31日）
売上高	※1 405,608	※1 425,526
売上原価	※1 306,973	※1 322,494
売上総利益	98,634	103,032
販売費及び一般管理費	※1,※2 98,558	※1,※2 102,185
営業利益	75	847
営業外収益		
受取利息	47	63
受取配当金	1,264	1,015
受取手数料	1,421	1,532
その他	823	592
営業外収益合計	※1 3,556	※1 3,203
営業外費用		
支払利息	194	165
賃貸収入原価	12	6
その他	131	19
営業外費用合計	※1 338	※1 190
経常利益	3,294	3,860
特別利益		
固定資産売却益	※3 0	※3 141
抱合せ株式消滅差益	※6 1,444	—
貸倒引当金戻入額	—	100
その他	1	6
特別利益合計	1,445	247
特別損失		
固定資産除却損	※4 91	※4 45
投資有価証券売却損	—	7
投資有価証券評価損	139	1,718
関係会社株式評価損	45	199
減損損失	※5 1,294	※5 1,697
貸倒引当金繰入額	—	4,010
その他	675	4
特別損失合計	2,246	7,682
税引前当期純利益又は税引前当期純損失（△）	2,493	△3,574
法人税、住民税及び事業税	167	266
法人税等調整額	268	463
法人税等合計	436	729
当期純利益又は当期純損失（△）	2,057	△4,304

独立監査人の監査報告書

2023年11月22日

株式会社　ビックカメラ
　取締役会　御中

有限責任監査法人トーマツ
東京事務所

指定有限責任社員　　公認会計士　　山野辺　純一
業務執行社員

指定有限責任社員　　公認会計士　　関　　信治
業務執行社員

監査意見

　当監査法人は，金融商品取引法第193条の2第1項の規定に基づく監査証明を行うため，「経理の状況」に掲げられている株式会社ビックカメラの2022年9月1日から2023年8月31日までの第43期事業年度の財務諸表，すなわち，貸借対照表，損益計算書，株主資本等変動計算書，重要な会計方針，その他の注記及び附属明細表について監査を行った。

　当監査法人は，上記の財務諸表が，我が国において一般に公正妥当と認められる企業会計の基準に準拠して，株式会社ビックカメラの2023年8月31日現在の財政状態及び同日をもって終了する事業年度の経営成績を，全ての重要な点において適正に表示しているものと認める。

監査意見の根拠

　当監査法人は，我が国において一般に公正妥当と認められる監査の基準に準拠して監査を行った。監査の基準における当監査法人の責任は，「財務諸表監査における監査人の責任」に記載されている。当監査法人は，我が国における職業倫理に関する規定に従って，会社から独立しており，また，監査人としてのその他の倫理上の責任を果たしている。当監査法人は，意見表明の基礎となる十分かつ適切な監査証拠を入手したと判断している。

監査上の主要な検討事項

　監査上の主要な検討事項とは，当事業年度の財務諸表の監査において，監査人が職業的専門家として特に重要であると判断した事項である。監査上の主要な検討事項は，財務諸表全体に対する監査の実施過程及び監査意見の形成において対応した事項であり，当監査法人は，当該事項に対して個別に意見を表明するものではない。

店舗設備等の固定資産の減損損失の認識

　会社は，当事業年度末において，ＥＣ事業を含む店舗に係る有形固定資産49,654百万円，無形固定資産23,122百万円を計上しており，これらの合計金額は総資産の24.2％を占めている。また，会社は，当事業年度において，店舗設備等の固定資産について減損損失1,697百万円を計上している。関連する開示は，注記事項（重要な会計上の見積り）に含まれている。

　監査上の主要な検討事項の内容，決定理由及び監査上の対応については，連結財務諸表の監査報告書に記載されている監査上の主要な検討事項（店舗設備等の固定資産の減損損失の認識）と同一内容であるため，記載を省略している。

仕入先から受領する仕入割戻

　会社は，仕入割戻を仕入先から受領しており，当事業年度の貸借対照表において，当該仕入割戻の未精算額が合計11,658百万円計上されている。

　監査上の主要な検討事項の内容，決定理由及び監査上の対応については，連結財務諸表の監査報告書に記載されている監査上の主要な検討事項（仕入先から受領する仕入割戻）と同一内容であるため，記載を省略している。

その他の記載内容

　その他の記載内容は，有価証券報告書に含まれる情報のうち，連結財務諸表及び財務諸表並びにこれらの監査報告書以外の情報である。経営者の責任は，その他の記載内容を作成し開示することにある。また，監査等委員会の責任は，その他の記載内容の報告プロセスの整備及び運用における取締役の職務の執行を監視することにある。

　当監査法人の財務諸表に対する監査意見の対象にはその他の記載内容は含まれておらず，当監査法人はその他の記載内容に対して意見を表明するものではない。

　財務諸表監査における当監査法人の責任は，その他の記載内容を通読し，通読の過程において，その他の記載内容と財務諸表又は当監査法人が監査の過程で得た知識との間に重要な相違があるかどうか検討すること，また，そのような重要な相違以外にその他の記載内容に重要な誤りの兆候があるかどうか注意を払うことにある。

　当監査法人は，実施した作業に基づき，その他の記載内容に重要な誤りがあると判断した場合には，その事実を報告することが求められている。

　その他の記載内容に関して，当監査法人が報告すべき事項はない。

財務諸表に対する経営者及び監査等委員会の責任

　経営者の責任は，我が国において一般に公正妥当と認められる企業会計の基準に準拠して財務諸表を作成し適正に表示することにある。これには，不正又は誤謬による重要な虚偽表示のない財務諸表を作成し適正に表示するために経営者が必要と判断した内部統制を整備及び運用することが含まれる。

　財務諸表を作成するに当たり，経営者は，継続企業の前提に基づき財務諸表を作成することが適切であるかどうかを評価し，我が国において一般に公正妥当と認められる企業会計の基準に基づいて継続企業に関する事項を開示する必要がある場合には当該事項を開示する責任があ

る。

　監査等委員会の責任は，財務報告プロセスの整備及び運用における取締役の職務の執行を監視することにある。

財務諸表監査における監査人の責任

　監査人の責任は，監査人が実施した監査に基づいて，全体としての財務諸表に不正又は誤謬による重要な虚偽表示がないかどうかについて合理的な保証を得て，監査報告書において独立の立場から財務諸表に対する意見を表明することにある。虚偽表示は，不正又は誤謬により発生する可能性があり，個別に又は集計すると，財務諸表の利用者の意思決定に影響を与えると合理的に見込まれる場合に，重要性があると判断される。

　監査人は，我が国において一般に公正妥当と認められる監査の基準に従って，監査の過程を通じて，職業的専門家としての判断を行い，職業的懐疑心を保持して以下を実施する。

・　不正又は誤謬による重要な虚偽表示リスクを識別し，評価する。また，重要な虚偽表示リスクに対応した監査手続を立案し，実施する。監査手続の選択及び適用は監査人の判断による。さらに，意見表明の基礎となる十分かつ適切な監査証拠を入手する。

・　財務諸表監査の目的は，内部統制の有効性について意見表明するためのものではないが，監査人は，リスク評価の実施に際して，状況に応じた適切な監査手続を立案するために，監査に関連する内部統制を検討する。

・　経営者が採用した会計方針及びその適用方法の適切性，並びに経営者によって行われた会計上の見積りの合理性及び関連する注記事項の妥当性を評価する。

・　経営者が継続企業を前提として財務諸表を作成することが適切であるかどうか，また，入手した監査証拠に基づき，継続企業の前提に重要な疑義を生じさせるような事象又は状況に関して重要な不確実性が認められるかどうか結論付ける。継続企業の前提に関する重要な不確実性が認められる場合は，監査報告書において財務諸表の注記事項に注意を喚起すること，又は重要な不確実性に関する財務諸表の注記事項が適切でない場合は，財務諸表に対して除外事項付意見を表明することが求められている。監査人の結論は，監査報告書日までに入手した監査証拠に基づいているが，将来の事象や状況により，企業は継続企業として存続できなくなる可能性がある。

・　財務諸表の表示及び注記事項が，我が国において一般に公正妥当と認められる企業会計の基準に準拠しているかどうかとともに，関連する注記事項を含めた財務諸表の表示，構成及び内容，並びに財務諸表が基礎となる取引や会計事象を適正に表示しているかどうかを評価する。

　監査人は，監査等委員会に対して，計画した監査の範囲とその実施時期，監査の実施過程で識別した内部統制の重要な不備を含む監査上の重要な発見事項，及び監査の基準で求められているその他の事項について報告を行う。

　監査人は，監査等委員会に対して，独立性についての我が国における職業倫理に関する規定を遵守したこと，並びに監査人の独立性に影響を与えると合理的に考えられる事項，及び阻害要因を除去又は軽減するためにセーフガードを講じている場合はその内容について報告を行う。

　監査人は，監査等委員会と協議した事項のうち，当事業年度の財務諸表の監査で特に重要であると判断した事項を監査上の主要な検討事項と決定し，監査報告書において記載する。ただし，法令等により当該事項の公表が禁止されている場合や，極めて限定的ではあるが，監査報

告書において報告することにより生じる不利益が公共の利益を上回ると合理的に見込まれるため，監査人が報告すべきでないと判断した場合は，当該事項を記載しない。

利害関係

　会社と当監査法人又は業務執行社員との間には，公認会計士法の規定により記載すべき利害関係はない。

以　上

注）1．上記の監査報告書の原本は当社（有価証券報告書提出会社）が別途保管しております。
　　2．XBRL データは監査の対象には含まれておりません。

索　引

〈著者紹介（担当章）〉

福島　　隆	（明星大学教授）	序章・第1章・第2章
塚辺　博崇	（日本医療大学准教授）	第3章・第4章
岩橋　忠徳	（札幌大学教授）	第5章・第6章
中嶋　教夫	（明星大学教授）	第7章・第8章
権　　大煥	（札幌大学准教授）	第9章・第10章
中島　洋行	（明星大学教授）	第11章
齋藤　香織	（明星大学准教授）	第12章

新版 はじめまして会計学

2019年 4 月 1 日　第 1 版第 1 刷発行
2023年 2 月20日　第 1 版第 5 刷発行
2024年 3 月15日　新版第 1 刷発行

著　者　福　島　　　隆
　　　　塚　辺　博　崇
　　　　岩　橋　忠　徳
　　　　中　嶋　教　夫
　　　　権　　　大　煥
　　　　中　島　洋　行
　　　　齋　藤　香　織
発行者　山　本　　　継
発行所　㈱中央経済社
発売元　㈱中央経済グループ
　　　　パブリッシング

〒101-0051　東京都千代田区神田神保町1-35
電話　03 (3293) 3371 (編集代表)
　　　03 (3293) 3381 (営業代表)
https://www.chuokeizai.co.jp
印刷／東光整版印刷㈱
製本／㈲井上製本所

© 2024
Printed in Japan

＊頁の「欠落」や「順序違い」などがありましたらお取り替えいたしますので発売元までご送付ください。（送料小社負担）

ISBN978-4-502-48961-7　C3034